POPULISMUS
Eine sehr kurze Einführung

CAS MUDDE
CRISTÓBAL ROVIRA KALTWASSER

POPULISMUS

EINE SEHR KURZE EINFÜHRUNG

AUS DEM ENGLISCHEN
ÜBERSETZT VON ANNE EMMERT

DIETZ

Bibliografische Information der Deutschen Nationalbibliothek
Die Deutsche Nationalbibliothek verzeichnet
diese Publikation in der Deutschen Nationalbibliografie;
detaillierte bibliografische Daten sind im Internet
unter http://dnb.dnb.de abrufbar.

ISBN 978-3-8012-0545-4

Verlag J.H.W. Dietz Nachf. GmbH
Dreizehnmorgenweg 24, 53175 Bonn
Umschlag: Petra Bähner, Köln
Satz: Jens Marquacdt, Bonn
Druck und Verarbeitung: CPI books, Leck

Printed in Germany 2019
Besuchen Sie uns im Internet: *www.dietz-verlag.de*

FÜR MARYANN UND SOFIA

INHALT

VORWORT ZUR DEUTSCHEN AUSGABE

In diesem Buch legen wir eine kurze Einführung in den Populismus vor, die seinen breiten historischen und geographischen Kontext berücksichtigt. Wir formulieren eine klare Definition des Begriffs und erläutern Hauptmerkmale, Ursachen und Folgen der wichtigsten zeitgenössischen Erscheinungsformen des Populismus. Das Buch soll es Leserinnen und Lesern ermöglichen, vergangene, aktuelle und künftige Entwicklungen in der deutschen Politik ins Verhältnis zu setzen und theoretisch einzuordnen. Daher möchten wir in unserem kurzen Vorwort drei Themen ansprechen, die wir für die deutsche Debatte als besonders wichtig erachten: 1. die Unterscheidung zwischen Populismus und Faschismus, 2. die späte Konsolidierung einer radikal rechtspopulistischen Partei in Deutschland und 3. die Einordnung der Partei Die Linke als linkspopulistische Partei.

Beginnen wir mit der Unterscheidung zwischen Populismus und Faschismus. Der Begriff »Populismus« hat die politische Debatte international im Sturm erobert, und Deutschland bildet da keine Ausnahme. In Deutschland zeichnet sich die Diskussion jedoch häufig durch die Assoziation von Populismus und Faschismus aus. Über den Faschismus liegt reichlich Literatur vor, und hier ist nicht der Ort, sich näher damit auseinanderzusetzen. Daher möge der Hinweis genügen, dass wir mit unserem Ansatz den Populismus von anderen politischen Ideologien unterscheiden, zu denen auch Faschismus und Sozialismus gehören. Dem britischen Experten Roger Eatwell zufolge ist Faschismus eine politische Ideologie, die drei Ideen miteinander verbindet: 1. die Formung einer ganzheitlichen Nation zur Abwehr interner und externer Gefahren, 2. die Notwendigkeit einer neuen Elite und die Schaffung eines gemeinschaftlich handelnden kriegerischen neuen Menschen, und 3. die Errichtung eines autoritären Staates, der einen Dritten Weg beschreitet, also weder kapitalistisch noch kommunistisch ausgerichtet ist.[1] Im Gegensatz dazu definieren wir Populismus als politische Ideologie, die deutlich dünner ist als Faschismus und sich daher sowohl mit dem Kapitalismus als auch mit dem Kommunismus verbinden kann. Darüber hinaus gelten im Faschismus Eliten als moralisch überlegen, wohingegen dem Populismus zufolge »die Elite« korrupt und die wahre Tugend beim »Volk« zu suchen ist. Auch zeigen wir in diesem Buch auf, dass der Populismus nicht zwingend auf dem sogenannten »Führerprinzip« beruht, das ein grundlegendes Merkmal des Faschismus ist.

Bis Mitte der 1980er-Jahre spielte der Populismus in der universitären und öffentlichen Debatte der Bundesrepublik kaum eine Rolle. Das änderte sich mit dem Aufstieg der Republikaner (REP), einer neuen Partei, die aus dem Umfeld

1 Roger Eatwell, »Populism and Fascism«, in: Cristóbal Rovira Kaltwasser, Paul Taggart, Paulina Ochoa Espejo und Pierre Ostiguy (Hrsg.), *The Oxford Handbook of Populism*. Oxford 2017, S. 363–383.

der Christlich-Sozialen Union (CSU) hervorging. Als die Republikaner von der CSU abrückten und sich thematisch und ideologisch immer mehr an den französischen Front National annäherten, hatten Journalisten und Fachleute Mühe, eine angemessene Terminologie zu entwickeln. Die »extreme Rechte« und die »radikale Rechte« wurden bereits für die deutlich extremere Nationaldemokratische Partei Deutschlands (NPD) verwendet, und so schien der Begriff »rechtspopulistisch« einen geeigneten Ausweg zu bieten. Nicht nur legte er einen Unterschied zwischen NPD und REP nahe, sondern er bewahrte zudem Fürsprecher und Anhänger der Republikaner aus dem Mainstream, die in der neuen Partei einen möglichen rechten Verbündeten für die Unionsparteien sahen, vor Kritik.

Der Begriff »Rechtspopulismus« wurde auch gern für die Freiheitliche Partei Österreichs (FPÖ) verwendet, die aus der CDU und besonders der CSU starke Unterstützung erhielt, selbst nachdem Jörg Haider der Partei Ende der 1980er Jahre einen radikalen Rechtsruck verordnet hatte. Dennoch unterscheiden sich Österreich und Deutschland in einem wichtigen Punkt: Während die radikale populistische Partei in Österreich bereits in den 1980er-Jahren entstand und seit den 1990er-Jahren im politischen System Österreichs eine zentrale Rolle spielt, konnten sich die Populisten der Republikaner in der politischen Landschaft der Bundesrepublik nicht konsolidieren. Anders war das beim jüngsten Aufstieg der Alternative für Deutschland (AfD), die sich von einer relativ randständigen kleinbürgerlich-euroskeptischen Neupartei in eine einflussreiche radikal rechte populistische Partei verwandelte und Nativismus, Autoritarismus und Populismus miteinander verband. Diese neue AfD schwamm auf der Welle der Einwanderungsfeindlichkeit nach der sogenannten »Flüchtlingskrise« des Jahres 2015 und sorgte für einen Schock, als sie 2017 mit 12,6 Prozent der Stimmen in den Bundestag einzog. Zwar ist die AfD noch lange nicht gefestigt, sondern trägt intern noch Kämpfe zwischen radikal rechten und extrem rechten Gruppierungen aus, doch gelang es ihr bereits, die politische Tagesordnung mitzugestalten und den Populismus zu einem Schlüsselbegriff der politischen Debatte zu machen.

Der Begriff »Populismus« wird in Deutschland (und anderswo) allerdings nicht nur für (radikale) rechte Parteien verwendet. Im Einklang mit den langjährigen Extremismusstudien der deutschen Wissenschaft machte ein rechter Populismus einen linken Populismus geradezu notwendig, und bereitgestellt wurde dieser von der Nachfolgepartei der Sozialistischen Einheitspartei Deutschlands (SED). Der gewandte Redner Gregor Gysi erfand die kommunistische SED als Partei des Demokratischen Sozialismus (PDS) neu, die sich von der Stimme der »Bauern und Arbeiter« zur Stimme »des Volkes« entwickelte. Da die REP rasch implodierte, konnte der linke den rechten Populismus in Hinblick auf Wahlerfolge und politische Relevanz abhängen, auch wenn die Zahl der Studien zum Rechtspopulismus die zum Linkspopulismus bei weitem übertraf. Diese Tendenz wurde dadurch verstärkt, dass linke Kreise den Begriff des Populismus nicht gern mit linker Politik im Allgemeinen und der PDS (heute Die Linke) im Besonderen in Verbindung brachten. Für die meisten Deutschen blieb er daher eng mit rechter Politik und insbesondere radikal rechter Politik verknüpft.

Wie andere Fachleute kommen auch wir zu dem Schluss, dass Die Linke ein Beispiel für eine linkspopulistische Partei ist, die »das anständige Volk« gegen »die korrupte Elite« in Stellung bringt.[2] In ihrer ideologischen Entwicklung ähnelt sie Podemos in Spanien und Syriza in Griechenland, zwei radikal linken Parteien, die im Lauf der Zeit ebenfalls eine gemäßigtere Position einnahmen und entsprechend die Verwendung populistischer Tropen zurückfuhren. Da Die Linke mittlerweile den Sozialismus zunehmend über den Populismus stellt, entstehen im Umfeld der Partei und sogar aus ihrer Mitte heraus neue linkspopulistische Initiativen wie Sahra Wagenknechts jüngste politische Bewegung »Aufstehen«.

Wir hoffen, dieses Buch macht deutlich, dass der Aufstieg der AfD kein speziell deutsches Phänomen ist, das mit der singulären deutschen Geschichte zusammenhängt, sondern dass sie als Teil einer größeren Entwicklung betrachtet werden sollte, die allgemeine wie auch spezifische Ursachen und Folgen hat. Auch ist Die Linke nicht die einzige radikal linke populistische Partei im Europa von heute. Im Gegenteil bewegt sich das politische System in Deutschland offenbar in eine ähnliche Richtung wie viele andere politische Systeme rund um den Erdball, in denen sich das Ende der Volksparteien und die Entstehung radikaler linker wie auch rechter Parteien abzeichnen. Der Aufstieg der Linken und besonders

2 Siehe zum Beispiel, Dan Hough und Dan Keith (2019), »The German Left Party: A Case of Pragmatic Populism«, in: Giorgos Katsambekis und Alexandros Kioupkiolis (Hrsg.), *The Populist Radical Left in Europe*, London 2019.

der AfD hat daher die deutsche Politik gewissermaßen »normalisiert« oder »europäisiert«. Statt immer in die spezifisch deutsche Vergangenheit zurückzublicken, sollten sich die Deutschen daher in ihren heutigen Nachbarländern umsehen, um besser nachvollziehen zu können, was da gerade geschieht und wie sie die liberale Demokratie in Europa und in Deutschland stärken können.

Cas Mudde (Athens, Georgia) und
Cristóbal Rovira Kaltwasser (Santiago de Chile), Mai 2019

DANKSAGUNG

Wir danken den vielen Menschen in unserem Kollegen- und Freundeskreis, die das Manuskript (teilweise) gelesen und uns wichtiges Feedback gegeben haben. Zu ihnen gehören Ben Stanley, Carlos de la Torre, Jan-Werner Müller, Kenneth Roberts, Kirk Hawkins, Luke March, Maryann Gallagher, Matthijs Rooduijn, Paul Lucardie, Petr Kopecký, Sarah de Lange und Tjitske Akkerman. Teile des Manuskripts haben wir an der Universität von Amsterdam (März 2015) und an der Aristoteles-Universität von Thessaloniki (Juni 2015) vorgestellt und von der konstruktiven Kritik auf beiden Veranstaltungen profitiert. Geholfen haben uns auch jeweils anonym verfasste Rezensionen, die Feedback zum Exposé beziehungsweise zum fertigen Manuskript gaben, sowie die Unterstützung durch das Team der Oxford University Press, besonders Nancy Toff und Elda Granata. Edgard Berendsen und Cristóbal Sandoval waren ebenfalls im gesamten Schreibprozess eine große Hilfe.

Cas Mudde bedankt sich für die Unterstützung des Kellogg Institute for International Studies an der University of Notre Dame, wo er dank eines einjährigen Stipendiums 2009 bis 2010 einiges über Populismus außerhalb des europäischen Kontextes erfuhr. Er dankt auch der School of Public and

International Affairs an der University of Georgia, die ihm im Frühjahr 2015 durch ein Forschungssemester die Arbeit an diesem Buch und die Besprechung der ersten Entwürfe mit Kolleginnen und Kollegen rund um den Erdball ermöglichte. Schließlich bedankt er sich besonders bei Jan Jagers, einem ehemaligen Doktoranden und heutigen Freund, der entscheidend zu seinem Verständnis des Populismus beitrug.

Cristóbal Kaltwasser bedankt sich für die Unterstützung des Chilenischen Fonds für wissenschaftliche und technologische Entwicklung (FONDECYT Projekt 1140101) und der Chilenischen Millenniums-Initiative für Wissenschaft (Projekt NS130008). Er dankt darüber hinaus der Diego Portales Universität und dem Deutschen Akademischen Austauschdienst (DAAD), der ihm für die Arbeit an seinem Manuskript im Juli und August 2015 einen Aufenthalt am Wissenschaftszentrum Berlin für Sozialforschung (WZB) ermöglichte. Sein Dank gilt schließlich auch Rossana Castiglioni und Manuel Vicuña in Santiago de Chile sowie Wolfgang Merkel und Gudrun Mouna in Berlin, die dieses Projekt unterstützt haben.

KAPITEL 1

WAS IST POPULISMUS?

»Populismus« ist eines der zentralen politischen Schlagworte des 21. Jahrhunderts. Man beschreibt damit linke Präsidenten in Lateinamerika, rechte Parteien in Europa und rechte oder linke Präsidentschaftskandidaten in den Vereinigten Staaten. Der Begriff ist in den Medien und beim Publikum gleichermaßen beliebt, sorgt jedoch, gerade weil er so oft verwendet wird, auch für Verwirrung und Unmut. In diesem Buch wollen wir dem Phänomen des Populismus auf den Grund gehen und darstellen, welchen Stellenwert er für die Politik von heute hat.

Das Buch liefert eine spezifische Interpretation des Populismus, über die breite Einigkeit herrscht, die aber keinen Absolutheitsanspruch erhebt. Seine Stärke liegt vor allem darin, dass es eine klare Definition des Populismus vornimmt, die den meisten als populistisch eingestuften politischen Kräften gerecht wird und gleichzeitig populistische von nichtpopulistischen Akteuren unterscheiden kann. Damit begegnet es den beiden schwersten Vorwürfen gegen den Begriff Populismus, dass es sich dabei erstens um einen politischen Kampfbegriff handele, mit dem man politische Gegner an den Pranger stellen wolle, und dass er zweitens zu vage sei und sich daher auf jede Person in der Politik anwenden lasse.

Wir verorten den Populismus in erster Linie im Kontext der liberalen Demokratie. Diese Entscheidung leitet sich mehr aus empirischen und theoretischen als aus ideologischen Erwägungen ab. Theoretisch steht der Populismus nicht so sehr im Widerspruch mit der Demokratie an sich oder anderen demokratischen Modellen, sondern mit der liberalen Demokratie. Empirisch mobilisieren die meisten relevanten populistischen Akteure ihre Anhänger in der liberalen Demokratie, in einem System also, das liberaldemokratisch *ist* oder *sein will*. Dieser sehr spezifische Blickwinkel schränkt die Betrachtung natürlich stark ein, doch weder erachten wir die liberale Demokratie als makellos und andere demokratische Systeme definitionsgemäß als undemokratisch noch wenden wir unseren Ansatz ausschließlich auf ein liberal-demokratisches System an.

Ein grundsätzlich umstrittener Begriff

Praktisch jeder wichtige Begriff ist auch Gegenstand von Diskussionen, doch beim Populismus dreht sich die Debatte nicht nur darum, was darunter zu verstehen ist, sondern auch, ob es ihn überhaupt gibt. Der Begriff ist grundsätzlich umstritten. Ein Musterbeispiel für die begriffliche Verwirrung findet sich in dem Grundlagenwerk *Populism: Its Meaning and National Characteristics*, in dem der Populismus in verschiedenen Beiträgen unter anderem als Ideologie, als Bewegung und als Syndrom definiert wird. Noch komplizierter wird es dadurch, dass in verschiedenen Regionen der Welt Populismus mit recht unterschiedlichen Phänomenen gleichgesetzt, manchmal auch verschmolzen wird. So bezieht sich der Begriff im europäischen Kontext häufig auf Immigrationsfeindlichkeit und Xenophobie, in Lateinamerika dagegen auf Klientelismus und Misswirtschaft.

Die Verwirrung ergibt sich auch aus dem Umstand, dass kaum eine Person oder Organisation das Etikett Populismus für sich beansprucht. Vielmehr wird es zugeschrieben, meist mit negativer Konnotation. Selbst Personen, die gemeinhin als Musterbeispiele für Populisten gelten, wie der argentinische Präsident Juan Domingo Perón oder der ermordete niederländische Politiker Pim Fortuyn, verstanden sich nicht als Populisten. Da der Populismus weder auf einen Gründungstext noch auf ein prototypisches Vorbild verweisen kann, wird der Begriff in Wissenschaft und Journalismus für recht unterschiedliche Phänomene verwendet.

Unser sogenannter ideenorientierter Ansatz (*ideational approach*) ist zwar in mehreren akademischen Fachrichtungen und implizit auch in weiten Teilen des Journalismus weit verbreitet, stellt jedoch nur einen von zahlreichen Zugängen zum Populismus dar. Ein erschöpfender Überblick über die verschiedenen Ansätze geht weit über Möglichkeiten und Zielsetzungen dieses Büchleins hinaus, doch wir wollen zumindest die wichtigsten Alternativen zur Sprache bringen, die in bestimmten wissenschaftlichen Fachrichtungen oder geographischen Regionen gängig sind.

Der Ansatz der populistischen Handlungsmacht (*popular agency approach*) sieht im Populismus eine demokratische Lebenshaltung, die aus dem politischen Engagement des Volkes entsteht. Besonders verbreitet ist dieses Verständnis unter US-Historikern und anderen Autoren, deren Bücher von den ursprünglichen nordamerikanischen Populisten des ausgehenden 19. Jahrhunderts handeln, also den Anhängern der Populist Party. Am besten illustriert dieses Verständnis vielleicht Lawrence Goodwyns *Democratic Promise: The Populist Moment in America*, das den Populismus im Wesentlichen als positive Kraft für die Mobilisierung des (einfachen) Volkes und die Entwicklung eines kommunitaristischen Demokratiemodells betrachtet. Populistische Kräfte werden nach diesem Verständnis sowohl breiter als auch enger interpretiert als in den meisten anderen Ansätzen und schließen so gut wie alle progressiven Massenbewegungen ein.

Ernesto Laclaus Populismus-Verständnis findet sich besonders in der politischen Philosophie, den sogenannten Critical Studies, und in Werken über westeuropäische und lateinamerikanische Politik. Der mittlerweile verstorbene politische Theoretiker Ernesto Laclau aus Argentinien entwickelte diesen Ansatz in eigener Pionierarbeit und jüngeren Gemeinschaftsschriften mit seiner belgischen Ehefrau Chantal Mouffe. Populismus ist nach diesem Verständnis die Essenz der Politik und darüber hinaus eine emanzipatorische Kraft. Die liberale Demokratie sei das Problem, radikale Demokratie die Lösung. Der Populismus könne diese radikale Demokratie herbeiführen, indem er den Konflikt wieder in die Politik einführt und die Mobilisierung ausgeschlossener gesellschaftlicher Gruppen mit dem Ziel einer Veränderung des Status quo unterstützt.

Der sozioökonomische Ansatz beherrschte vor allem die Studien zum lateinamerikanischen Populismus der 1980er- und 1990er-Jahre. Ökonomen wie Rudiger Dornbusch und Jeffrey Sachs begreifen Populismus in erster Linie als eine

Form der unverantwortlichen Wirtschaftspolitik. Kennzeichen dieser Politik sei eine erste Phase massiver Ausgaben, die durch Auslandsschulden finanziert werden, gefolgt von einer zweiten Phase der Hyperinflation und Umsetzung rigoroser wirtschaftspolitischer Korrekturen. Auch weil sich später lateinamerikanische Populisten eine neoliberale Wirtschaftspolitik zu eigen machten, hat der sozioökonomische Ansatz zwar in den meisten Sozialwissenschaften an Einfluss verloren hat, ist jedoch besonders in den Vereinigten Staaten unter Ökonomen und Journalisten noch verbreitet. In einer gängigeren Variante ist mit einer »populistischen Wirtschaftspolitik« ein politisches Programm gemeint, das als unverantwortlich betrachtet wird, weil es hohe Staatsausgaben und eine (zu) große Umverteilung von Reichtum vorsieht.

Ein jüngerer Ansatz versteht den Populismus in erster Linie als politische Strategie, die ein spezieller Politikertypus nutzt, um mittels direkter und unmittelbarer Unterstützung seiner Anhängerschaft an die Regierung zu kommen. Besonders verbreitet ist dieser Ansatz unter Studierenden in lateinamerikanischen und nicht-westlichen Gesellschaften. Er betont, dass Populismus mit einer starken charismatischen Persönlichkeit einhergeht, die Macht bündelt und einen direkten Draht zu den Massen hat. So betrachtet, kann Populismus nicht auf Dauer Bestand haben, weil die Führungsfigur früher oder später stirbt; dann beginnt zwangsläufig ein konfliktreiches Ringen um die Nachfolge.

Ein letzter Ansatz betrachtet den Populismus vor allem als einen volksnahen Politikstil, mit dem politische Führungsfiguren und Parteien die Massen zu mobilisieren versuchen.

Dieses Verständnis ist besonders in Studien der (politischen) Kommunikationswissenschaft und in den Medien verbreitet. Populismus steht danach für ein amateurhaftes und unprofessionelles politisches Verhalten, das darauf abzielt, möglichst viel Aufmerksamkeit in den Medien und Unterstützung im Volk zu erhalten. Populistinnen und Populisten präsentieren sich, indem sie gegen Kleiderordnung und sprachlichen Anstand verstoßen, nicht nur als anders und neu, sondern auch als mutige Führungspersönlichkeiten, die auf der Seite »des Volkes« gegen »die Elite« eintreten.

Jede dieser Betrachtungsweisen hat ihre Vorzüge, und verschiedene Aspekte sind mit unserem ideenorientierten Ansatz vereinbar. Wir verwerfen sie daher nicht, weil wir etwas dagegen einzuwenden hätten, sondern wollen in unserem Büchlein vielmehr einen klaren und konsistenten Ansatz vertreten. Das soll den Leserinnen und Lesern helfen, dieses höchst komplexe, aber wichtige Phänomen besser zu verstehen, wenn auch durch eine spezifische Linse betrachtet.

Ein ideenorientierter Ansatz

Dass die Debatte über den Populismus-Begriff nun schon so lange schwelt, hat einige Wissenschaftler zu der Aussage veranlasst, man könne ihn in den Sozialwissenschaften nicht sinnvoll verwenden. Wieder andere verstehen ihn in erster Linie normativ und wollen ihn auf Medien und Politik beschränkt sehen. Die Unzufriedenheit ist verständlich, doch der Begriff »Populismus« ist für politische Debatten von Europa bis nach Nord- und Südamerika zu wichtig, als dass man ihn einfach abschaffen sollte. Außerdem ist es durchaus möglich, eine Definition zu finden, die alle wichtigen Manifestationen des Populismus in Vergangenheit und Gegenwart im Kern erfasst und trotzdem präzise genug ist, um nichtpopulistische Phänomene klar auszuschließen.

In den letzten zehn Jahren hat sich eine wachsende Zahl von Sozialwissenschaftlern dem Populismus vom ideenorientierten Blickwinkel genähert und ihn als Diskurs, Ideologie oder Weltsicht verstanden. Zwar ist ein Konsens in weiter Ferne, doch ideenorientierte Definitionen des Populismus werden weltweit erfolgreich in Studien verwendet, vor allem in Westeuropa, zunehmend jedoch auch in Osteuropa, Nord- und Südamerika. Die meisten Wissenschaftler, die dem ideenorientierten Ansatz anhängen, sind sich einig über die Kernpunkte unserer Definition, wenn auch nicht über sämtliche Begleitaspekte oder die genauen Formulierungen.

Einmal abgesehen davon, dass über die charakteristischen Merkmale des Populismus kein Konsens herrscht, sind sich die Wissenschaftler doch einig darüber, dass alle Formen des Populismus die Ansprache »des Volkes« und den Angriff auf »die Elite« beinhalten. Es ist daher einigermaßen unstrittig, dass im Populismus stets das Establishment kritisiert und den einfachen Leuten geschmeichelt wird. Wir definieren Populismus konkreter als *dünne Ideologie, nach der die Gesellschaft letztlich in zwei homogene antagonistische Lager gespalten ist, »das anständige Volk« und »die korrupte Elite«, und Politik ein Ausdruck der* volonté générale *(Gemeinwillen) des Volkes sein sollte.*

Die Definition des Populismus als »dünne Ideologie« hilft, die oft erwähnte Durchlässigkeit des fraglichen Konzepts zu verstehen. Eine Ideologie ist ein System aus normativen

Vorstellungen über die Beschaffenheit von Mensch und Gesellschaft sowie Organisation und Zielen der Gesellschaft. Vereinfacht ausgedrückt ist es eine Weltanschauung, eine Sicht dessen, wie die Welt ist und wie sie sein sollte. Anders als »dicke« oder »vollständige« Ideologien (wie Faschismus, Liberalismus, Sozialismus) haben dünne Ideologien wie der Populismus eine eingeschränkte Morphologie, die sich notwendigerweise mit anderen Ideologien verbindet, manchmal sogar mit ihnen verschmilzt. Der Populismus ist so gut wie immer mit anderen Ideologien verhaftet, weil er diese braucht, um politische Projekte voranzutreiben, die in einer breiten Öffentlichkeit Zuspruch finden. Daher kann der Populismus allein weder komplexe noch umfassende Antworten auf politische Fragen geben, die sich in modernen Gesellschaften stellen.

Populismus kann folglich sehr unterschiedliche Formen annehmen, je nachdem, in welcher Beziehung seine Kernkonzepte zu anderen Konzepten stehen. So ergeben sich Interpretationsraster, die in verschiedenen Gesellschaften mehr oder weniger Anklang finden können. In diesem Licht betrachtet muss Populismus als eine Art geistige Landkarte begriffen werden, mit deren Hilfe Individuen die politische Realität analysieren und verstehen. Es handelt sich nicht so sehr um eine kohärente ideologische Tradition als vielmehr um ein Ideengefüge, das in der realen Welt in Kombination mit recht unterschiedlichen und manchmal gegensätzlichen Ideologien auftritt.

Weil die populistische Ideologie so dünn ist, möchten einige Wissenschaftler den Populismus als Übergangsphänomen verstanden wissen: Entweder er scheitert, oder er geht, falls er Erfolg hat, über sich hinaus, verwandelt sich in etwas Größeres. Diese fließende Qualität liegt vor allem darin begründet, dass der Populismus zwangsläufig Konzepte anderer Ideologien verwendet, die nicht nur komplexer und stabiler sind, sondern auch die Ausbildung populistischer »Subtypen« zulassen. Der Populismus als solcher kann somit zwar zu bestimmten Zeiten relevant sein, doch damit populistische Akteure dauerhaft Erfolg haben können, sind Konzepte, die eng mit der Morphologie der populistischen Ideologie verbunden sind, langfristig mindestens genauso wichtig. Daher kommt Populismus selten in Reinform vor. Vielmehr entsteht und überlebt er nur in Kombination mit anderen Konzepten.

Einer der wichtigsten Kritikpunkte an ideenorientierten Populismus-Definitionen lautet, dass sie zu umfassend seien und sich potenziell auf alle politischen Kräfte, Bewegungen und Parteien anwenden ließen. Auch wir meinen, dass ein Konzept nur nützlich ist, wenn es nicht nur einschließt, was definiert werden soll, sondern auch alles andere *ausschließt*. Unsere Definition des Populismus ist daher nur dann logisch, wenn es auch einen Nicht-Populismus gibt. Und tatsächlich können wir mindestens zwei direkte Gegensätze zum Populismus benennen: Elitismus und Pluralismus.

Der Elitismus teilt mit dem Populismus die monistische und manichäische Einteilung der Gesellschaft in einen homogenen »guten« und einen homogenen »schlechten« Teil, nimmt allerdings eine gegensätzliche Zuordnung der Tugenden vor. Vereinfacht ausgedrückt gilt im Elitismus »das Volk« als gefährlich, unehrlich und vulgär, »die Elite« dagegen als nicht nur moralisch, sondern auch kulturell und intellektuell überlegen. Politik sollte danach ausschließlich oder überwiegend der Elite vorbehalten bleiben, das Volk kein Mitspracherecht haben. Vertreter des Elitismus lehnen die Demokratie entweder rundweg ab (wie Francisco Franco oder Augusto Pinochet), oder sie sprechen sich für ein eingeschränktes Demokratiemodell aus (wie José Ortega y Gasset oder Joseph Schumpeter).

Pluralismus ist das genaue Gegenteil der dualistischen Perspektive des Populismus wie auch des Elitismus, denn ihm zufolge teilt sich die Gesellschaft in eine Vielzahl teilweise überlappender sozialer Gruppen mit unterschiedlichen Ideen und Interessen. Im Pluralismus gilt Vielfalt nicht als Schwäche, sondern als Stärke. Dem Pluralismus zufolge sollte eine Gesellschaft viele Machtzentren haben, und die Politik sollte mittels Kompromissen und Konsens die Interessen und Werte möglichst vieler unterschiedlicher Gruppen widerspiegeln. Im Kern steht somit die Vorstellung, dass Macht über die Gesellschaft verteilt werden sollte, damit einzelne Gruppen – Männer, einzelne Ethnien, wirtschaftliche, intellektuelle, militärische oder politische Kader und so weiter – den anderen ihren Willen nicht aufzwingen können.

Wichtig ist hier auch der Hinweis auf den grundlegenden Unterschied zwischen Populismus und Klientelismus, denn beide Begriffe werden in der Literatur (besonders in Bezug auf lateinamerikanische Politik) oft vermengt. Klientelismus lässt sich am besten als eine Art *Handel* zwischen bestimmten Wählerschichten und Politikern begreifen, bei dem die Wählerinnen und Wähler Vorteile (zum Beispiel Direktzahlungen oder einen privilegierten Zugang zu Arbeitsplätzen,

Waren und Dienstleistungen) erhalten, wenn sie einen Patron oder eine Partei unterstützen. Viele lateinamerikanische Populisten haben sich klientelistischer Verflechtungen bedient, um Wahlen zu gewinnen und an der Macht zu bleiben. Allerdings sind sie damit nicht allein, und es gibt keinen Anlass zu der Annahme, dass der Populismus eine besondere Affinität zum Klientelismus hätte. Während der Populismus in erster Linie eine Ideologie ist, der sich unterschiedliche politische Akteure und ihre Anhänger anschließen können, handelt es sich beim Klientelismus im Wesentlichen um eine Strategie, mit deren Hilfe Spitzenpolitiker und Parteien (mit verschiedenen Ideologien) politische Macht zu erlangen und auszuüben versuchen.

Die einzige Ähnlichkeit zwischen Klientelismus und Populismus liegt wohl darin, dass beide nichts mit der Abgrenzung zwischen Links und Rechts zu tun haben. Doch weder das Dienstbarmachen klientilistischer Verflechtungen zwischen Partei und Anhängerschaft noch die Zugehörigkeit zu einer linken oder rechten Politik definieren den Populismus. Abhängig vom sozioökonomischen und soziopolitischen Kontext, in dem der Populismus auftritt, kann er unterschiedliche Organisationsformen annehmen und die verschiedensten politischen Projekte unterstützen. Dank seiner »dünnen« Ideologie ist er so durchlässig, dass er zu unterschiedlichen Zeiten und an unterschiedlichen Orten eine jeweils sehr eigene Form annehmen kann. So zeigte sich der lateinamerikanische Populismus in den 1990er-Jahren überwiegend in neoliberaler Gestalt (etwa Alberto Fujimori in Peru), in den 2000ern dagegen überwiegend in der radikal linken Variante (etwa Hugo Chávez in Venezuela).

Der Populismus arbeitet mit drei Schlüsselbegriffen: das Volk, die Elite und der Gemeinwille.

Das Volk

Die Debatte über Konzept und Phänomen des Populismus kreist vor allem um die Unbestimmtheit des Begriffes »Volk«. Es herrscht weitgehend Einigkeit darüber, dass »das Volk« ein Konstrukt ist, das sich bestenfalls auf eine spezifische Interpretation (und Simplifizierung) der Realität bezieht. Diverse Wissenschaftler erklären den Begriff aufgrund dieser Unbestimmtheit für nutzlos, während andere klarere Alternativbegriffe wie »*the heartland*« (Kernland) vorschlugen. Laclau setzt dem entgegen, dass der Populismus als politische Ideologie und Phänomen gerade deshalb so einflussreich ist, weil »das Volk« ein »bedeutungsleerer Begriff« sei. Da es dem Populismus gelingt, mit seiner Auslegung des Begriffes »Volk« verschiedene Wählerschichten anzusprechen und ihre Forderungen zu artikulieren, kann er für unterschiedliche Gruppen eine kollektive Identität herstellen und ihre Unterstützung für eine gemeinsame Sache gewinnen.

Obwohl »das Volk« ein Konstrukt ist, das viel Raum für Flexibilität lässt, wird es doch häufig in den folgenden drei Kombinationen verwendet: das Volk als Souverän, als die einfachen Leute und als Nation. In allen Fällen unterscheiden sich »Volk« und »Elite« jeweils durch ein sekundäres Merkmal: politische Macht, sozioökonomischen Status oder auch Nationalität. Da sich in so gut wie allen Manifestationen des Populismus eine Kombination aus diesen Sekundärmerkmalen findet, rückt selten nur eine der erwähnten Bedeutungen für »Volk« in den Vordergrund.

Der Gedanke vom Volk als Souverän gründet auf der modernen demokratischen Vorstellung, »das Volk« sei nicht nur die ultimative Quelle politischer Gewalt, sondern habe auch »die Herrschaft« inne. Diese Vorstellung ist eng mit der Amerikanischen und Französischen Revolution verknüpft, in denen, um die berühmten Worte des späteren US-Präsidenten Abraham Lincoln zu zitieren, »eine Regierung des Volkes durch das Volk und für das Volk« etabliert wurde. Durch die Gründung einer demokratischen Ordnung wird aber die Kluft zwischen Regierten und Regierenden nicht vollständig überbrückt. Unter bestimmten Umständen kann das souveräne Volk zu dem Schluss gelangen, dass es von den regierenden Eliten nicht (gut) repräsentiert wird, und dann üben die Menschen Kritik am politischen Establishment oder proben gar den Aufstand. Dies könnte die Bühne für Populisten bereiten, die darauf hinarbeiten, »dem Volk die Herrschaft zurückzugeben«.

Die Vorstellung vom »Volk als Souverän« ist somit verschiedenen populistischen Traditionen gemein und soll in Erinnerung rufen, dass sich in einer Demokratie die politische Macht letztendlich von einem kollektiven Gebilde ableitet; falls das nicht berücksichtigt wird, können Mobilmachung und Revolte folgen. In den Vereinigten Staaten befeuerte diese Idee Ende des 19. Jahrhunderts die Gründung der People's Party (auch Populist Party genannt) ebenso wie andere populistische Manifestationen vom 20. Jahrhundert bis heute.

Die zweite Bedeutung von »Volk« als die »einfachen Leute« geht explizit oder implizit aus einem breiteren Klassenbegriff hervor, der sozioökonomischen Status mit spezifischen kulturellen Traditionen und volkstümlichen Werten verbindet. Der Hinweis auf »die einfachen Leute« geht oft mit einer Kritik an der Dominanzkultur einher, der Urteile, Vorlieben und Werte einfacher Bürgerinnen und Bürger suspekt sind. Würde und Wissen von Bevölkerungsgruppen, die aufgrund ihrer soziokulturellen und sozioökonomischen Stellung objektiv oder subjektiv von der Macht ausgeschlossen sind, werden nun gegen diese elitäre Haltung verteidigt. Deshalb machen sich populistische Führungspersonen und ihre Anhängerschaft oft kulturelle Elemente zu eigen, die in der Dominanzkultur als Kennzeichen der Unterlegenheit gelten. Perón in Argentinien beispielsweise verbreitete neue Konzeptionen und Darstellungen der politischen Gemeinschaft, mit denen die Rolle zuvor marginalisierter Gruppen im Allgemeinen und der sogenannten Hemdlosen (*descamisados*) und Schwarzköpfchen (*cabecitas negras*) im Besonderen glorifiziert wurde.

Dass auf Interessen und Meinungen der »einfachen Leute« eingegangen wird, macht wohl auch den Reiz verschiedener Phänomene aus, die gemeinhin als populistisch bezeichnet werden. Interessant ist, dass das Wort »Volk« in dieser Bedeutung oft sowohl integrativ als auch spaltend gebraucht wird: Man versucht nicht nur, eine wütende und schweigende Mehrheit zu einen, sondern auch, diese Mehrheit gegen einen klar definierten Gegner zu mobilisieren (zum Beispiel »das Establishment«). Dieser anti-elitäre Impuls geht einher mit einer Kritik an Organisationen wie politischen

Parteien, großen Institutionen und Ämtern, denen vorgeworfen wird, die »wahrhaftigen« Verbindungen zwischen populistischen Führungspersonen und »einfachem Volk« zu stören.

Die dritte und letzte Bedeutung von »Volk« ist die der Nation. In diesem Fall bezieht sich »das Volk« auf die nationale Gemeinschaft, staatsbürgerlich oder ethnisch definiert, wenn beispielsweise vom »Volk Brasiliens« oder vom »niederländischen Volk« die Rede ist. Nach dieser Wortbedeutung gehören alle dazu, die in einem bestimmten Land »einheimisch« sind; sie bilden zusammen eine Gemeinschaft mit einer gemeinsamen Lebensweise. Entsprechend repräsentieren verschiedene »Volks«-Gemeinschaften spezifische und einzigartige Nationen, die meist durch Gründermythen bestärkt werden. Die Grenzen einer solchen Nation festzulegen, ist jedoch alles andere als einfach. Der Versuch, »das Volk« mit der Bevölkerung eines bestehenden Staates gleichzusetzen, erweist sich vor allem deshalb als kompliziert, weil auf ein und demselben Staatsgebiet verschiedene ethnische Gruppen leben.

Die Elite

Anders als der Begriff »das Volk« wurden die Bedeutungen von »die Elite« im Populismus erst von wenigen Autoren theoretisch untersucht. Entscheidend ist hier offenbar der moralische Aspekt, denn unterschieden wird zwischen dem *anständigen* Volk und der *korrupten* Elite. Das sagt allerdings nicht viel darüber aus, *wer* eigentlich zur Elite gehört. Die meisten Populisten verabscheuen nicht nur das politische

Establishment, sondern üben auch Kritik an der wirtschaftlichen Elite, der kulturellen Elite und der Medienelite. Diese werden als eine homogene korrupte Gruppe dargestellt, die den »Gemeinwillen« des Volkes konterkariert. Zwar ist die Unterscheidung im Wesentlichen moralischer Natur, doch identifiziert wird die »Elite« anhand unterschiedlichster Kriterien.

In erster Linie wird der Begriff über die Macht definiert, das heißt, die Elite umfasst die meisten Menschen, die hohe Positionen in Politik und Wirtschaft, Medien und Künsten einnehmen. So erklärte Donald Trump im Präsidentschaftswahlkampf 2016, das »Establishment in Washington und die Finanz- und Medienunternehmen, die es finanzieren, existieren nur aus einem einzigen Grund: Sie wollen sich selbst schützen und bereichern.« Ausgenommen von dieser Elite sind natürlich die Populistinnen und Populisten selbst, ebenso all diejenigen in diesen Bereichen, die mit den populistischen Kräften sympathisieren. So warf die Freiheitliche Partei Österreichs (FPÖ) »den Medien« regelmäßig vor, »die Elite« in Schutz zu nehmen und die FPÖ unfair zu behandeln, allerdings mit einer denkwürdigen Ausnahme: der *Kronen-Zeitung*. Dieses beliebte Boulevardblatt, das jeder fünfte Österreicher liest, zählte lange zu den unerschütterlichen Fürsprechern der FPÖ und ihres verstorbenen Vorsitzenden Jörg Haider und galt daher als wahre Stimme des Volkes.

Viele Wissenschaftler folgern aus der grundsätzlichen Establishment-Feindlichkeit des Populismus, dass sich Populisten per definitionem nicht an der Macht halten können. Immerhin würden sie damit (Teil der) »Elite«. Damit übersehen sie aber, dass die Unterscheidung zwischen Volk und

Elite nicht situativ, sondern moralisch begründet wird und dass populistische Führungspersonen diesbezüglich einen großen Einfallsreichtum an den Tag legen. Vom früheren slowakischen Ministerpräsidenten Vladimír Mečiar bis zum verstorbenen venezolanischen Präsidenten Hugo Chávez konnten Populisten, wenn sie an die Macht kamen, auch weiterhin establishmentfeindlich auftreten, indem sie die Elite kurzerhand umdefinierten. Im Kern lautete ihre Argumentation, dass die *wahre* Macht nicht bei den demokratisch gewählten Führungspersonen liege, also den Populisten, sondern bei obskuren Kräften, die widerrechtlich an der Macht festhielten und die Stimme des Volkes schwächten. Hier tritt besonders deutlich der »paranoide Politikstil« zutage, den der berühmte progressive US-amerikanische Historiker Richard Hofstadter dem Populismus einst zuschrieb.

Nicht unähnlich den oben beschriebenen Begriffsabgrenzungen für »das Volk« wird die Elite wirtschaftlich (nach Klasse) und national (nach Authentizität) definiert. Populistische Kräfte propagieren eine Welt jenseits von Klassen, häufig mit dem Hinweis darauf, dass Klassenunterteilungen dazu geschaffen sind, »das Volk« zu schwächen und »der Elite« die Macht zu sichern. Manchmal wird die Elite aber auch ökonomisch definiert. Meist geschieht das durch Linkspopulisten, die den Populismus mit einer diffusen Form des Sozialismus verschmelzen. Doch auch Rechtspopulisten stellen den ultimativen Kampf zwischen Volk und Elite mit der wirtschaftlichen Macht in Beziehung, weil, so die Argumentation, die politische mit der wirtschaftlichen Elite unter einer Decke stecke und »Spezialinteressen« über die »allgemeinen Interessen« des Volkes stelle. Diese Kritik ist nicht notwendigerweise antikapitalistisch; so verteidigen viele Vertreter der Tea Party in den Vereinigten Staaten eisern den freien Markt, vertreten aber die Ansicht, große Konzerne verzerrten mithilfe ihrer politischen Kumpane im Kongress den freien Markt durch eine für sie günstige Gesetzgebung; so schalte sie den Wettbewerb aus und behindere kleine Firmen, die wahren Triebkräfte des Kapitalismus und Teil »des Volkes«.

Die Verknüpfung der Elite mit wirtschaftlicher Macht ist besonders für regierende Populisten nützlich, weil sie ihnen eine »Erklärung« für mangelnden politischen Erfolg an die Hand gibt: Danach werden sie von der Elite sabotiert, die zwar die politische Macht eingebüßt, die wirtschaftliche Macht aber behalten hat. Diese Argumentation wurde häufig im postkommunistischen Osteuropa laut, besonders nach der Übergangszeit in den 1990er-Jahren, und bei linkspopulistischen Präsidenten in Lateinamerika ist sie bis heute beliebt. So warf Präsident Chávez der Wirtschaftselite oft vor, seine Bemühungen um eine »Demokratisierung« Venezuelas zu behindern. Der griechische Ministerpräsident Alexis Tsipras, Chef der linkspopulistischen Koalition der Radikalen Linken (Syriza), beschuldigte »Lobbyisten und Oligarchen in Griechenland«, seine Regierung zu schwächen. (Beide Vorwürfe hatten übrigens durchaus ihre Berechtigung).

Oft ist von Populisten zu hören, dass die Elite nicht nur über die Interessen des Volkes hinweggeht, sondern sogar gegen die Interessen des Landes arbeitet. In Ländern der Europäischen Union werfen viele populistische Parteien der politischen Elite vor, die Interessen der EU über die ihres Landes zu stellen. Auch lateinamerikanische Populisten beklagen seit Jahrzehnten, die politischen Eliten verfolgten nicht die nationalen Interessen ihres Landes, sondern die der Vereinigten Staaten. Manche führen auch Populismus und Antisemitismus zusammen und diskreditieren die nationalen politischen Eliten als Beteiligte der uralten jüdischen Weltverschwörung und »Agenten des Zionismus«. So beschuldigen beispielsweise in Ost- und Mitteleuropa Spitzenpolitiker rechtspopulistischer Parteien wie Ataka in Bulgarien und der Bewegung für ein besseres Ungarn (Jobbik) die nationalen Eliten, israelische oder jüdische Interessen zu vertreten.

Populismus kann schließlich auch vollständig mit Nationalismus verschmelzen, wenn Volk und Elite moralisch und ethnisch unterschieden werden. Angehörige der Elite gelten dann nicht nur als *Agenten* fremder Mächte, sondern sie werden selbst als *fremd* betrachtet. Merkwürdigerweise ist das in der Rhetorik fremdenfeindlicher Populisten in Europa nicht so verbreitet, und die Elite (egal, in welchem Bereich) ist fast ausschließlich »einheimisch«. Abgesehen von den antisemitischen Parolen in Osteuropa tritt der ethnische Populismus (»Ethnopopulismus«) am stärksten im heutigen Lateinamerika zutage. So spielt beispielsweise der bolivianische Präsident Evo Morales mit seiner Unterscheidung zwischen dem anständigen »*mestizo*«-Volk und den korrupten »europäischen« Eliten unmittelbar auf die nach Ethnien getrennte Machtverteilung in Bolivien an.

Zwar ist die Abgrenzung im Populismus in erster Linie moralischer Natur, doch populistische Akteure bedienen sich einer Vielfalt sekundärer Kriterien, um zwischen Volk und Elite zu unterscheiden. Das gibt ihnen Flexibilität, die sie besonders dringend brauchen, wenn sie an die politische Macht

Abb. 1: Sarah Palin erlangte durch ihre Berufung zur US-Vizepräsidentschaftskandidatin der Republikaner 2008 Bekanntheit. Sie hat zwar in der populistischen Tea-Party-Bewegung viel Einfluss, doch das Verhältnis dieser Gruppe zur Republikanischen Partei ist nicht immer ungetrübt.

gelangen. Zwar hätte es eine gewisse Logik, wenn die Definition der Elite auf denselben Kriterien basierte wie die des Volkes, doch das ist nicht immer der Fall. So definieren fremdenfeindliche Populisten in Europa das Volk häufig nach ethnischen Gesichtspunkten und schließen »Fremde« (also Einwanderer und Minderheiten) aus, behaupten aber nicht, dass auch die Elite einer anderen ethnischen Gruppe angehörte. Allerdings werfen sie der Elite sehr wohl vor, die *Interessen* der Einwanderer über diejenigen der Einheimischen zu stellen.

Oftmals kombinieren Populisten unterschiedliche Interpretationen von Elite und Volk, zum Beispiel nach Klasse, ethnischer Zugehörigkeit und Moral. So beschreiben in den USA Rechtspopulisten wie Sarah Palin und die Tea Party die Elite als Latte Macchiato trinkende, Volvo fahrende Ostküstenliberale; damit implizieren sie den Gegensatz zu den echten/einfachen/einheimischen Menschen, die Filterkaffee trinken, Autos amerikanischer Bauart fahren und im Mittleren

Westen wohnen (dem *heartland*). Pauline Hanson, Chefin der rechtspopulistischen Partei One Nation in Australien, kontrastiert das wahre Volk im ländlichen Australien, das stolz ist auf sein britisches Siedlererbe, mit der intellektuellen Großstadtelite, die »das Land auf den Kopf stellen will, indem sie Australien an die Aborigines zurückgibt«.

Der Gemeinwille

Der dritte und letzte Schlüsselbegriff populistischer Ideologie ist der Gemeinwille. Mit dieser Vorstellung beziehen sich populistische Akteure und ihre Anhängerschaft auf eine Konzeption des Politischen, die auf den berühmten Philosophen Jean-Jacques Rousseau (1712–1778) zurückgeht. Rousseau unterschied zwischen dem Gemeinwillen (*volonté générale*) und dem Gesamtwillen (*volonté de tous*). Während unter dem Gemeinwillen zu verstehen ist, dass das Volk eine Gemeinschaft bilden und Gesetze erlassen kann, um die gemeinsamen Interessen durchzusetzen, ist mit dem Gesamtwillen lediglich die Summe der Einzelinteressen zu einem bestimmten Zeitpunkt gemeint. Die monistische und moralische Unterscheidung zwischen anständigem Volk und korrupter Elite im Populismus unterstreicht das Konzept eines Gemeinwillens.

In diesem Licht betrachtet ist die Aufgabe der Politiker klar: Sie sollen, um mit der politischen Philosophin Margaret Canovan zu sprechen, »aufgeklärt genug sein, um den Gemeinwillen zu erkennen, und charismatisch genug, um aus individuellen Bürgerinnen und Bürgern eine geschlossene Gemeinschaft zu formen, die verlässlich einen solchen Willen hat«. Hugo Chávez lieferte in seiner Amtsantrittsrede

2007 ein Musterbeispiel für dieses populistische Grundverständnis des Gemeinwillens:

> »Nichts … steht stärker im Einklang mit der populären Doktrin, als wenn das gesamte Volk zu den wichtigsten Punkten befragt wird, auf denen sich Regierungen, grundlegende Gesetze und die uneingeschränkte Herrschaft gründen. Alle Individuen erliegen Irrtümern und Verlockungen, nicht aber das Volk, das ein enormes Bewusstsein für das eigene Wohl und das Maß seiner Unabhängigkeit besitzt. Deshalb ist sein Urteil aufrichtig, sein Wille stark, und niemand kann es bestechen oder auch nur bedrohen.«

Die Vorstellung vom Gemeinwillen verbindet viele Populisten mit der Rousseauschen Kritik an der repräsentativen Regierung. Sie gilt als eine aristokratische Form der Macht, in der Bürgerinnen und Bürger als passive Wesen behandelt werden, gelegentlich mobilisiert durch Wahlen, in denen sie gerade einmal ihre Abgeordneten wählen dürfen. Als Gegenentwurf beschwören Populisten Rousseaus republikanisches Utopia einer Selbstregierung herauf, die Vorstellung also, dass die Bürgerschaft Gesetze erlassen und vollstrecken kann. Es ist daher nur folgerichtig, dass populistische Akteure, egal, wo und wann sie auftreten, meist die Umsetzung direkter demokratischer Mechanismen wie Referenden und Volksentscheide fordern. Als Beispiel sei der zeitgenössische Populismus in Lateinamerika genannt, der – vom ehemaligen peruanischen Präsidenten Alberto Fujimori bis hin zum ehemaligen ecuadorianischen Präsidenten Rafael Correa – über verfassungsgebende Versammlungen und anschließende Volksabstimmungen Verfassungsreformen vornimmt.

Man könnte also eine Wahlverwandtschaft erkennen zwischen Populismus und direkter Demokratie und anderen institutionellen Mechanismen, die eine unmittelbare Beziehung zwischen der populistischen Führungsperson und ihrer Anhängerschaft fördern. Eine der praktischen *Folgen* des Populismus ist somit die strategische Förderung von Institutionen, die der Konstruktion eines mutmaßlichen Gemeinwillens dienen. Anhänger des Populismus kritisieren das Establishment gerade deshalb, weil es nicht in der Lage oder nicht daran interessiert sei, den Volkswillen zu berücksichtigen. Und diese Kritik ist oft durchaus berechtigt. So verurteilen links- und rechtspopulistische Parteien in Europa den Elitismus des Projektes Europäische Union, und linke Populisten in Lateinamerika werfen der (früheren) Elite vor, die »wahren« Probleme des Volkes ignoriert zu haben.

Der Gemeinwille nach populistischem Verständnis ist nicht so sehr ein rationaler Prozess, der sich in der Öffentlichkeit vollzieht, sondern er stützt sich vielmehr auf die Vorstellung vom *common sense.*

Er wird daher so definiert, dass es möglich ist, sowohl unterschiedliche Forderungen zusammenzuführen, als auch einen gemeinsamen Feind zu bestimmen. Indem sich der Populismus auf den Volkswillen beruft, ermöglicht er die Herausbildung eines populären Subjekts mit einer starken Identität (»das Volk«), das den Status quo (»die Elite«) angreifen kann. Aus dieser Perspektive kann man im Populismus eine demokratisierende Kraft sehen, weil er das Prinzip der Volkssouveränität mit dem Ziel verbindet, Gruppen zu stärken, die sich vom politischen Establishment nicht repräsentiert fühlen.

Der Populismus hat allerdings auch eine dunkle Seite. Ungeachtet seiner konkreten Erscheinungsform, kann der monistische Kern und besonders die Vorstellung vom »Gemeinwillen« durchaus autoritäre Tendenzen nach sich ziehen. Populistische Akteure und ihre Anhängerschaft vertreten oft eine Staatsauffassung, die der des politischen Philosophen Carl Schmitt (1888–1985) recht nahe kommt. Schmitt zufolge ist die Voraussetzung für die Gründung einer demokratischen Ordnung ein homogenes Volk. In diesem Sinne gründet der »Gemeinwille« auf der Einheit des Volkes und einer klaren Abgrenzung gegen alle, die nicht zum Demos gehören und folglich nicht gleichwertig behandelt werden. Weil für den Populismus der Gemeinwille nicht nur transparent, sondern auch absolut ist, lassen sich damit Autoritarismus und autoritäre Übergriffe auf all jene legitimieren, die (angeblich) die Homogenität des Volkes bedrohen.

Manch ein Beobachter geht so weit zu behaupten, dass Populismus seinem Wesen nach antipolitisch ist, weil populistische Akteure und ihre Anhängerschaft auf ein antipolitisches Utopia hinarbeiten, in dem im »Wir, das Volk« mutmaßlich kein Dissens herrscht. Paul Taggart hat dafür seinen ausgezeichneten Begriff vom »*heartland*« geprägt, Gemeinschaft und Hoheitsgebiet nach populistischem Vorbild, mit einer homogenen Identität, die angeblich authentisch und unbestechlich ist. Doch das ist nur ein Teil der Geschichte. Wenn Populisten behaupten, sie lehnten »politische Korrektheit« ab und brächen »Tabus«, die dem Volk von der Elite auferlegt worden seien, so betreiben sie die Repolitisierung bestimmter Themen, die, absichtlich oder unabsichtlich, vom Establishment nicht (ausreichend) bearbeitet werden, etwa die Einwanderung nach Westeuropa oder Maßnahmen des sogenannten »Washington Consensus« in Lateinamerika.

Die Vorteile des ideenorientierten Ansatzes

In unserem ideenorientierten Ansatz haben wir den Populismus als dünne Ideologie definiert, die nicht nur in verschiedenen historischen Zeiten und an verschiedenen Orten, sondern auch in sehr unterschiedlichen Formen oder »Subtypen« auftritt. Nachdem der Populismus begrifflich auch anders definiert wurde, etwa als Mehrklassenbewegung oder als eigener Typus der Mobilisierung oder der politischen Strategie, hat der ideenorientierte Ansatz gegenüber anderen mehrere Vorteile, auf die wir in den folgenden Kapiteln noch näher eingehen werden.

Erstens wird, wenn man den Populismus als dünne Ideologie betrachtet, nachvollziehbar, warum er in der Realität so durchlässig ist. Wegen des begrenzten ideologischen Kerns und der geringen Anzahl von Ideen tritt der Populismus notwendigerweise in Verbindung mit anderen Denkmodellen oder ideologischen Familien auf, die für seine Akteure meist ebenso relevant sind wie der Populismus selbst. Politische Kräfte haben den Populismus vor allem mit einer Vielzahl anderer dünner und dicker Ideologien zusammengespannt, unter anderem mit Agrarianismus, Nationalismus, Neoliberalismus und Sozialismus.

Anders als Definitionen, die den Populismus auf eine spezifische Art der Mobilisierung und Führung reduzieren, kann der ideenorientierte Ansatz zweitens die große Bandbreite politischer Akteure erfassen, die für gewöhnlich mit dem Phänomen in Verbindung gebracht werden. Populistische Kräfte machen auf viele unterschiedliche Arten mobil, sei es in lose organisierten sozialen Bewegungen oder in streng strukturierten politischen Parteien. Auch gibt es alle möglichen unterschiedlichen Führungspersönlichkeiten, wenngleich ein bestimmter Führungsstil vorherrscht. Eines haben sie allerdings alle gemein: ein sorgfältig gestaltetes Bild von der *vox populi*.

Drittens kann der ideenorientierte Ansatz wie kein anderer in Debatten über den Populismus eine umfassende und facettenreiche Antwort auf die entscheidende Frage geben: In welchem Verhältnis steht er zur Demokratie? Das Verhältnis zwischen Populismus und Demokratie ist durchaus nicht so unkompliziert, wie seine zahlreichen Gegner oder seine wenigen Protagonisten behaupten. Vielmehr ist die Beziehung komplex, denn der Populismus ist ein Freund *und* Feind der (liberalen) Demokratie, je nach Stadium der Demokratisierung.

Viertens und letztens können wir, wenn wir den Populismus als Ideologie definieren, sowohl die Nachfrageseite als auch die Angebotsseite populistischer Politik berücksichtigen. Die meisten Darstellungen lenken den Blick ausschließlich auf das populistische Angebot, da sie Populismus als Politikstil oder Strategie der politischen Elite definieren. Mit unserem Ansatz können wir dagegen auch die populistische Nachfrage beleuchten, das heißt, die Unterstützung populistischer Ideen auf der Massenebene. So können wir nicht nur zu einem umfassenderen Verständnis populistischer Episoden gelangen, sondern auch die Vorteile und Nachteile demokratischer Antworten auf den Populismus abwägen.

KAPITEL 2

POPULISMUS IN ALLER WELT

In der Forschung herrscht Einigkeit darüber, dass es sich beim Populismus um ein modernes Phänomen handelt. Nach gängiger Auffassung entstand er Ende des 19. Jahrhunderts in Russland und in den Vereinigten Staaten und hängt eng mit der Ausbreitung der Demokratie als Idee und Staatsform ab. Heute findet er sich auf fast allen Kontinenten und in allen politischen Systemen, ist jedoch in den Demokratien Europas, Nord- und Südamerikas besonders häufig anzutreffen. Zwar eint alle Populisten ein gemeinsamer Diskurs, doch als politisches Phänomen ist der Populismus extrem heterogen. Die einzelnen populistischen Akteure können links oder rechts, konservativ oder progressiv, religiös oder säkular sein.

Manche Beobachter lehnen wegen dieser extremen Vielfalt den Begriff des Populismus gänzlich ab mit dem Hinweis, eine dermaßen vielgestaltige Erscheinung könne keine Substanz haben. Doch die Vielfalt populistischer Akteure ergibt sich nicht etwa aus einem Mangel an gemeinsamen Kernattributen, sondern vielmehr aus dem Umstand, dass Populismus nur selten isoliert vorkommt. Da Populismus eine dünne Ideologie ist, die nur wenige Problemfelder thematisiert, kombinieren ihn so gut wie alle Akteure mit einer oder mehreren anderen Ideologien, sogenannten Wirtsideologien (*host ideologies*). Vereinfacht gesagt, verbinden ihn Linkspopulisten mit einer Form des Sozialismus, Rechtspopulisten dagegen häufig mit einer Form des Nationalismus.

Jede populistische Führungsfigur verdankt ihren Aufstieg bestimmten sozialen Missständen, die ihre Wahl der Wirtsideologie beeinflussen. Diese wiederum wirkt sich darauf aus, wie »das Volk« und »die Elite« definiert werden. Da ein nationales politisches Umfeld häufig stark von regionalen oder sogar globalen Entwicklungen beeinflusst wird, können sich Populisten in unterschiedlichen Regionen oder Epochen dennoch sehr ähnlich sein. So prägt im derzeitigen europäischen Kontext das übergeordnete Umfeld der Europäischen Union die nationale und damit auch die populistische Politik entscheidend mit: So gut wie alle populistischen Akteure in der EU sind euroskeptisch, auch wenn sich die spezifische Ausprägung und Intensität dieses Skeptizismus unterscheiden.

In diesem Kapitel geben wir einen knappen Überblick über die wichtigsten populistischen Kräfte der letzten 150 Jahre. Dabei legen wir den Schwerpunkt auf drei geographische Regionen, in denen Populismus besonders relevant ist: Nordamerika, Lateinamerika und Europa. Wir beschreiben kurz den politischen Kontext, Kennzeichen, Wirtsideologie und die spezifische Interpretation von Volk und Elite, die Populisten dieser Regionen in entscheidenden Phasen vornahmen. Abschließend lenken wir den Blick auf neuere populistische Akteure außerhalb dieser traditionellen Regionen, besonders in Asien, im Nahen Osten und in Subsahara-Afrika.

Nordamerika und besonders die Vereinigten Staaten blicken auf eine lange Geschichte populistischer Mobilisierung zurück, die bis ins späte 19. Jahrhundert zurückreicht. Obwohl der Kontinent einige populistische Spitzenpolitiker aufzuweisen hat, häufig in Bundesstaaten – zum Beispiel Gouverneur Huey Long in Louisiana oder der Premierminister von Alberta Ernest C. Manning –, hatten fast alle wichtigen populistischen Kräfte eine relativ schwache zentrale Führung und Organisation. Von der Agrarrevolte Ende des 19. Jahrhunderts bis hin zu Occupy Wall Street und der Tea Party Anfang des 21. Jahrhunderts entstand Populismus in Nordamerika häufig spontan und zeichnete sich durch regionale Mobilisierung und eine lose Organisationstruktur aus.

Ende des 19. Jahrhunderts vollzogen sich in den Frontier-Staaten Nordamerikas große wirtschaftliche und soziale Veränderungen. Infrastrukturentwicklungen wie der Ausbau des Eisenbahnsystems und wirtschaftliche Neuerungen wie das Prägen von Silber wirkten sich besonders stark auf die ländlichen Gebiete aus. Eine Mischung aus Agrarianismus und Populismus wurde vom sogenannten Prärie-Populismus des ausgehenden 19. und beginnenden 20. Jahrhunderts abgelöst. Die populistische Gesinnung prägte zwar besonders die westlichen Provinzen Kanadas sowie den Südwesten und die Great Plains in den USA, war in dieser Zeit aber in ganz Nordamerika verbreitet.

Die Prärie-Populisten jener Zeit verstanden unter dem »Volk« die Landwirte, besonders die *yeomen*, freie und unabhängige Bauern europäischer Herkunft, die ihre Felder allein bestellten. Man vertrat einen Producerismus, der den Populismus in Nordamerika seit jeher begleitet; danach galten Landwirte als ehrliche Menschen, die das Land bestellten und sämtliche Güter der Gesellschaft produzierten (besonders Kleidung und Nahrung). Die Elite dagegen bestand aus den Bankiers und Politikern im Nordosten, die nichts produzierten, den Landwirten aber durch teure Darlehen ihre Waren abpressten. Die ersten Populisten hatten zum Teil antisemitische und rassistische Überzeugungen, doch die Unterscheidung zwischen Volk und Elite gründete nicht in erster Linie auf ethnischen oder religiösen Merkmalen, sondern vielmehr auf Moral, geographischer Lage und Beruf: die guten ländlichen Kleinbauern auf der einen, die korrupten städtischen Bankiers und Politiker auf der anderen Seite.

Im föderalen System Kanadas und der Vereinigten Staaten konnten populistische Parteien und Politiker lokal und regional maßgeblich Einfluss gewinnen und Erfolge feiern, doch eine landesweite politische Präsenz erlangten sie nicht. Die People's Party, die auch unter dem Namen Populist Party bekannt war, brachte in den 1890er-Jahren Abgeordnete in die Parlamente mehrerer Bundesstaaten. Da aber der Partei eine Führungspersönlichkeit fehlte, die auch überregional die Menschen hätte erreichen können, unterstützte sie bei der Präsidentschaftswahl 1896 den offiziellen Kandidaten der Demokratischen Partei William Jennings Bryan. Als Bryan die Wahl verlor, ging dem Populismus der Schwung aus. Anfang des 20. Jahrhunderts tauchte er in Form breiterer progressiver Bewegungen zeitweise wieder auf. In Kanada feierten regionale Social Credit-Parteien beachtliche Wahlerfolge und besetzten von den 1930er bis in die 1960er-Jahre verschiedene politische Ämter von Alberta bis nach Quebec. Doch die landesweite Social Credit Party of Canada (Socreds) entwickelte sich landesweit wegen regionaler Spaltungen nie zu einer einflussreichen Kraft.

In den frühen Jahren des Kalten Kriegs kehrte der Populismus mit der antikommunistischen Bewegung mit voller Kraft zurück. Beeinflusst von den Unsicherheiten der Zeit und der anhaltenden Angst vor und Ablehnung von linken Ideen im amerikanischen Konservatismus verwandelte eine unorganisierte rechte Massenbewegung den US-Populismus von einem eher progressiven in ein überwiegend reaktionäres Phänomen. Für die antikommunistischen Populisten bestand »das Volk« aus den einfachen patriotischen (»wahren«) Menschen aus dem Heartland, wohingegen »die Elite« vor allem im Nordosten an den Küsten lebte und offen oder verdeckt »unamerikanische« sozialistische Ideen unterstützte. Man verband den Populismus mit Producerismus und behauptete, das anständige Volk werde zwischen der korrupten Elite von oben und einer radikalisierten Unterschicht von unten zerquetscht und die Elite bereichere sich an der harten Arbeit der Menschen und verteile, um sich an der Macht zu halten, den Wohlstand zugunsten der nichtweißen Unterschicht um.

Nachdem die Exzesse der antikommunistischen Hexenjagd in der McCarthy-Ära – benannt nach dem republikanischen Senator aus Wisconsin Joseph McCarthy – an die Öffentlichkeit gedrungen waren und die Entspannungspolitik und die wachsende Überlegenheit der USA gegenüber der Sowjetunion die paranoide Angst vor einer Machtergreifung durch die Kommunisten abgeschwächt hatten, verlor die antikommunistische Bewegung in den 1970er-Jahren an Bedeutung. Einige Mainstream-Republikaner wussten jedoch um die breite Wirkung des Populismus und versuchten, am rechten Rand die Wut der Durchschnittsamerikaner für sich zu nutzen. Als besonders geschickt erwies sich Richard Nixon, der später als 37. Präsident der Vereinigten Staaten in Schande aus dem Amt schied. Nixon war zwar im Herzen kein Populist, verbreitete aber den Begriff der »schweigenden Mehrheit«, also der Majorität der (wahren) Amerikanerinnen und Amerikaner, die die (liberale) Elite sprichwörtlich und buchstäblich zum Schweigen gebracht habe.

Rechtspopulismus stand auch im Kern der beiden erfolgreichsten US-Präsidentschaftskampagnen dritter Parteien im letzten Drittel des 20. Jahrhunderts. Der ehemalige demokratische Gouverneur von Alabama George C. Wallace trat 1968 als Kandidat der American Independent Party (AIP) an und erlangte fast 10 Millionen oder 13,5 Prozent der abgegebenen Stimmen. Wallace betrieb seinen Wahlkampf mit einem einzigen Thema, der Befürwortung der Rassentrennung, und griff mit seinem populistischen Producerismus die afroamerikanischen Armen am unteren Rand der Gesellschaft ebenso an wie die weißen Eliten am oberen Ende, die die Rassentrennung ablehnten. Er gewann so fünf Bundesstaaten im Süden. Ross Perot, Milliardär aus Texas, war 1992 sogar noch erfolgreicher, denn er holte 20 Millionen oder 18,9 Prozent der abgegebenen Stimmen. Sein Wahlkampf unter dem Slogan »United We Stand, America« verband eine Vielzahl rechtskonservativer Belange und Themen wie Haushaltsdefizit und Waffenkontrolle mit moderatem Producerismus und ausgeprägtem Populismus. Mit seinen volkstümlichen Reden brachte Perot das anständige Heartland gegen die korrupte Ostküste auf und versprach dem (wahren) amerikanischen Volk, in Washington »den Stall auszumisten«. Mit seinem zweiten Wahlkampf, den er 1996 als Chef seiner neu gegründeten Reform Party führte, war er nicht mehr so erfolgreich; dennoch konnte er 8 Millionen oder 8,4 Prozent der abgegebenen Stimmen auf sich vereinen.

Zwar hat sich für die Rechtspopulisten der »Feind von innen« über die Jahre verändert – die Kommunisten der 1950er-Jahre wurden in den 1960er-Jahren von der Bürgerrechtsbewegung und in den 1970ern vom »Juristischen Aktivismus« abgelöst –, doch die zentralen sozioökonomischen und, noch wichtiger, soziokulturellen Themen blieben erstaunlich konstant: »Unser Lebensstil« wird von der »liberalen Elite« bedroht, die mit einem repressiven Staat und einem viel zu teuren und ständig wachsenden Sozialsystem Unternehmergeist und Werte erstickt, während sie gleichzeitig Minderheiten, die es nicht verdient haben, »besondere Privilegien« einräumt. Dieser Diskurs hat in Nordamerika alle größeren rechtspopulistischen Wahlkämpfe geprägt, von Wallaces eher rassistischer AIP in den 1960er-Jahren bis hin zu den eher neoliberalen Reformparteien Perots und Mannings in den 1990ern.

Zwar hat sich der Populismus von seiner progressiven Tendenz im 19. Jahrhundert im 20. Jahrhundert in eine konservativere Richtung verlagert, doch an der Selbstdefinition »des Volkes« hat sich wenig geändert. Noch immer sind darunter überwiegend die einfachen Leute aus dem Heartland zu verstehen, vielleicht mit einer etwas weiteren beruflichen (Mittelschicht statt Kleinbauern) und religiösen Definition (christlich statt protestantisch). Das Bild »der Elite« hat sich dagegen leicht verändert. Politiker und große Unternehmen aus dem Nordosten spielen noch immer eine wichtige Rolle im populistischen Diskurs, mittlerweile hat die sogenannte kulturelle Elite jedoch an Bedeutung gewonnen. Diese kulturelle »liberale Elite« entsteht im Wesentlichen durch (höhere) Bildung besonders an den Elitehochschulen, die angehende Spitzenkräfte aus Beamtentum, Justiz und Politik mit »unamerikanischen« Ideen »pervertieren«.

Im ersten Jahrzehnt des 21. Jahrhunderts entstanden, bedingt durch soziale Missstände infolge der Finanzkrise, zwei neue populistische Bewegungen. Die beiden Bewegungen befinden sich an gegensätzlichen Enden des politischen Spektrums, haben aber auch viel miteinander gemein. Sie wendeten sich entschieden gegen die staatliche Bankenrettung, die unter dem republikanischen Präsidenten George W. Bush begonnen und unter seinem demokratischen Nachfolger Barack Obama fortgesetzt wurde. Nach althergebrachter US-amerikanischer Manier verteidigen sie die »anständige Main Street« gegen eine »korrupte Wall Street«. In ihrer Wirtschaftsideologie unterscheiden sie sich allerdings beträchtlich, weshalb Occupy Wall Street in Hinblick auf Volk und Elite eher inkludierend, die Tea Party eher exkludierend wirkt.

Die Occupy-Bewegung, die für sich in Anspruch nahm, für »die 99 Prozent« zu sprechen, die in der Finanzkrise den Kürzeren gezogen hatten – also für »das« amerikanische Volk –, entstand als linke Protestbewegung gegen die Bankenrettung durch Bush und Obama und die engen Beziehungen zwischen Wall Street und Washington in der korrupten Ein-Prozent-Elite. Zwar erhielt Occupy Wall Street mit der Besetzung des Zuccotti Parks im Finanzdistrikt von Manhattan die größte Medienaufmerksamkeit, doch nahmen in ganz Nordamerika (und anderswo) ähnliche Gruppen auch andere Orte in Beschlag. Da Occupy eine progressive Agenda für soziale Gerechtigkeit mit Populismus verschmolz, vertrat die Bewegung eine inklusive Interpretation »des Volkes« und einen nur schwach ausgeprägten Producerismus. Die wirtschaftliche und politische Elite waren für sie ein homogener Block, dem auch die Elite der Mainstream-Medien angehörte.

Die Occupy-Bewegung geriet wegen der fehlenden Gesamtführung, der gewaltsamen Räumungen und des kalten Winters 2011 zwar ins Stocken, doch einige ihrer Slogans lebten fort, etwa die populistische Unterteilung in die 99 Prozent und das 1 Prozent, die der demokratische Senator und Präsidentschaftskandidat Bernie Sanders übernahm. Im Wahlkampf 2016 erklärte er in einer Rede: »Wir haben dem politischen und wirtschaftlichen Establishment dieses Landes vermeldet, dass das amerikanische Volk ein korruptes Wahlkampffinanzierungssystem, das die amerikanische Demokratie aushöhlt, nicht weiter akzeptieren wird, und wir werden auch keine korrumpierte Wirtschaft akzeptieren, in der einfache Amerikaner für weniger Lohn länger arbeiten, während der neu erzielte Gewinn und Wohlstand fast vollständig an das oberste 1 % geht.«

Die Tea Party-Bewegung mobilisierte überwiegend Konservative und Libertäre gegen die Bankenrettung. Sie verbreitet eine stark produceristische Botschaft, sodass das Volk implizit oft nach Hautfarbe sortiert wird. Zwar teilt die Tea Party mit der Occupy-Bewegung die Abneigung gegen die Wall Street, doch ihre Definition »der Elite« ist enger. Viele Gruppen und Anhänger der Tea Party reservieren diesen Begriff für Banker, Demokraten und Hollywood. Geschwächt wurde die Bewegung von grundlegenden Spannungen zwischen der sogenannten Astroturf- und der Grassroots-Fraktion. Während zur Astroturf-Gruppe finanziell großzügig ausgestattete und gut organisierte Lobbygruppen wie FreedomWorks gehören, die dem republikanischen Establishment nahestehen, umfasst die Graswurzelbewegung Tausende kleiner lokaler und regionaler Patriot- und Tea Party-Gruppierungen im gesamten Land, die das republikanische Establishment als RINO bezeichnen (*Republicans By Name Only*). Beide Gruppen behaupten, dem »Wir, das Volk« eine Stimme zu geben, doch die populistischen Impulse der Graswurzelgruppen sind deutlicher ausgeprägter als die der Astroturf-Fraktion, die vor allem den ehemaligen Präsidenten Obama und die Demokratische Partei ins Visier nahm. Während die Graswurzelbewegung überwiegend soziokulturelle Missstände anprangert (»Wir holen uns unser Land zurück«), konzentriert sich die Astroturf-Seite fast ausschließlich auf sozioökonomische Themen wie »Obamacare« und Steuererhöhungen.

Donald Trump engagierte sich zwar nie in der Tea Party und spielte in der Hochphase ihrer Mobilisierung politisch so gut wie keine Rolle, thematisierte jedoch in seinem Präsidentschaftswahlkampf vieles, was auch den Grassroots-Aktivisten wichtig war. Sein Wahlkampf, in dem er Nativismus und Autoritarismus mit einer establishmentfeindlichen

Grundhaltung zusammenführte und sowohl die demokratischen als auch die republikanischen Eliten attackierte, nahm unter Leitung des *Breitbart-News*-Chefs Steve Bannon immer populistischere Züge an. So sagte Trump in einer Wahlkampfrede in Florida im Oktober 2016: »Unsere Bewegung will das gescheiterte und korrupte politische Establishment durch eine neue Regierung ersetzen, die von Ihnen, dem amerikanischen Volk, kontrolliert wird.« Sein überraschender Sieg in der Präsidentschaftswahl 2016 belegte, dass der Rechtspopulismus entgegen allen Erwartungen in den USA eine erfolgreiche Strategie ist, um Wahlen zu gewinnen. Es ist eine offene Frage, ob Trump im Amt die populistische Diktion beibehalten wird, denn er braucht die Unterstützung der Republikaner im Kongress, und einige Senatoren lehnen Teile seiner rechtspopulistischen Agenda ab.

Lateinamerika

Lateinamerika ist die Weltregion mit der längsten und stärksten populistischen Tradition. Die Kombination aus großer sozioökonomischer Ungleichheit und relativ langen Perioden demokratischer Herrschaft mag erklären, warum der Populismus in vielen lateinamerikanischen Ländern als Ideologie solche Erfolge feiert. Zum einen spricht der populistische Diskurs aufgrund der Konzentration wirtschaftlicher und politischer Macht in einer kleinen Minderheit die Menschen an, weil er die betrügerische Oligarchie (*oligarquía*) als Elite ausmacht, die gegen die Wünsche des Volkes (*el pueblo*) handelt. Zum anderen kann die Wählerschaft dank der periodisch auftretenden relativ freien und fairen

Wahlen ihre Unzufriedenheit mit dem Stand der Dinge zum Ausdruck bringen. Es darf daher nicht überraschen, dass in Lateinamerika populistische Parteien und Personen Anklang finden, wenn sie den Menschen eine Regierung versprechen, in der das Volk selbst herrscht, statt von einer Oligarchie beherrscht zu werden.

Die Wahlerfolge von Populisten in ganz Lateinamerika hängen also mit dieser Kombination aus demokratischer Politik und extremer Ungleichheit zusammen. Doch wir dürfen nicht vergessen, dass die Region Aufstieg und Fall verschiedener Versionen des Populismus erlebt hat. In der Geschichte Lateinamerikas können wir drei Wellen des Populismus unterscheiden. Jede dieser Wellen brachte nicht nur eine jeweils eigene Auffassung darüber hervor, wer zum »anständigen Volk« und wer zur »korrupten Elite« gehört, sondern jede weist auch spezifische ideologische Merkmale auf, mit deren Hilfe die jeweiligen sozialen Missstände in ein bestimmtes Narrativ gekleidet wurden.

Die erste Welle des lateinamerikanischen Populismus setzte mit der Großen Depression 1929 ein und dauerte bis zum Aufstieg der sogenannten bürokratisch-autoritären Regime Ende der 1960er-Jahre. In dieser Zeit herrschte in vielen lateinamerikanischen Ländern eine Krise der politischen Inklusion: Die wachsende Migration vom Land in die Städte und die Umsetzung von Wirtschaftsreformen, die die Industrialisierung vorantrieben, bereiteten den Weg für Forderungen nach politischen und sozialen Rechten. In der gesamten Region warben Politiker und Parteien für sozial ausgerichtete Programme. In den meisten lateinamerikanischen Ländern gewannen Sozialismus und Kommunismus an Boden, doch in einigen war der Populismus erfolgreicher als in anderen. Hervorzuheben sind zum Beispiel Argentinien, Brasilien und Ecuador, wo Getúlio Vargas, Juan Domingo Perón und José Maria Velasco Ibarra die Präsidentschaft erlangten, indem sie mit einer neuen politischen Sprache nicht mehr die »Arbeiterklasse« ins Zentrum rückten, sondern »das Volk«. Gleichzeitig vertraten sie die Ideologie des *Americanismo*, die allen Bewohnern Lateinamerikas eine gemeinsame Identität zuspricht und die Einmischung durch imperiale Mächte anprangert.

Ein wichtiges gemeinsames Merkmal der unterschiedlichen nationalen Erscheinungsformen in dieser ersten Populismuswelle ist die Gegenüberstellung von »anständigem Volk« und der »korrupter Elite«. Alle diese populistischen Experimente hatten klar korporatistische Tendenzen; unter dem anständigen Volk verstand man die tugendhafte Bevölkerungsgruppe der Mestizen, die aus Kleinbauern und Arbeitern bestand, nicht aber die Menschen indigener und afrikanischer Herkunft. Mit diesem Bild vom anständigen Volk konnten populistische Führungspersonen zuvor ausgeschlossene Bevölkerungsgruppen mobilisieren und integrieren, vorausgesetzt, sie schworen dem betreffenden Führer die Treue. Als korrupte Elite machten alle Populisten der ersten Welle eine nationale Oligarchie aus, die mit imperialistischen Kräften verbündet sei und das Wirtschaftsmodell der importsubstituierenden Industrialisierung ablehne. Faktisch wurde demnach der korrupten Elite nicht das gesamte Establishment zugeordnet, sondern nur die Gruppen, die das von den populistischen Führungspersonen vertretene Regierungsmodell ablehnten.

Abb. 2: Das glamouröse Paar Eva Perón und ihr Mann General Juan Domingo Perón saß im Argentinien der 1940er- und 1950er-Jahre an den Schalthebeln der Macht. Juan Domingo Perón diente von den 1940er- bis in die 1970er-Jahre dreimal als argentinischer Präsident. Die beiden vertraten populistische Ideen, gaben zuvor ausgeschlossenen gesellschaftlichen Gruppen eine Stimme und werden in Argentinien bis heute verehrt.

Die zweite Welle des Populismus war deutlich kürzer und weniger verbreitet als die erste. Sie entstand Anfang der 1990er-Jahre, und beispielhaft waren hier Argentinien (Carlos Menem), Brasilien (Fernando Collor de Mello) und Peru (Alberto Fujimori). Nachdem diese Länder Ende der 1980er-Jahre eine tiefe Wirtschaftskrise durchlaufen hatten, konnten Populisten Wahlen gewinnen, indem sie der Elite die Schuld für die dramatische Situation des Landes gaben und ihr vorwarfen, das Volk seiner rechtmäßigen Souveränität beraubt zu haben. Die meisten dieser Politiker entwickelten keine klare programmatische Position dafür, wie sie die wirtschaftliche Lage verbessern wollten, und als sie erst an der Macht waren, entschieden sie sich für eine Zusammenarbeit mit dem Internationalen Währungsfonds (IWF) und setzten harte neoliberale Reformen durch. Diese Maßnahmen waren unpopulär, trugen aber zur Stabilisierung der Wirtschaft und zur Beendigung der Hyperinflation bei. Das ist einer der Gründe, warum populistische Staatschefs wie Menem und Fujimori wiedergewählt wurden.

Durch die Übernahme neoliberaler Ideen entwickelte die zweite Populismus-Welle eine eigene Definition vom »anständigen Volk« und der »korrupten Elite«. Anders als in der ersten Welle war nun von einem Kampf gegen die »politische Klasse« und den Staat die Rede. Als angeblich korrupte Elite wurden die Politiker ausgemacht, die sich für einen starken Staat einsetzten und die Entfesselung des freien Marktes ablehnten. Die Ideologie des *Americanismo* mit seiner antiimperialistischen Stoßrichtung spielte nun keine Rolle. Entsprechend der neoliberalen Ausrichtung galten Menschen als passive Masse von Individuen, deren Ideen Meinungsumfragen entnommen werden konnten. In der Praxis zeichnete sich die zweite Populismus-Welle durch die Einführung von Armutsprogrammen aus, die vor allem die Schattenwirtschaft und die extrem Armen ins Visier nahmen.

Die dritte und aktuelle Welle des lateinamerikanischen Populismus wurde 1998 von Hugo Chávez' Wahlerfolg in Venezuela eingeläutet. Nach und nach dehnte sie sich auf Länder wie Bolivien (Evo Morales), Ecuador (Rafael Correa) und Nicaragua (Daniel Ortega) aus. Weil diese populistischen Staatschefs den *Americanismo* ebenso pflegten wie antiimperialistische Slogans, haben sie einiges mit denen der ersten Welle gemein. Allerdings zeigten die Protagonisten der dritten Populismus-Welle eine Neigung zu sozialistischen Ideen, die so weit ging, dass Evo Morales die von ihm gegründete Partei *Movimiento al Socialismo* (MAS) nannte und Hugo Chávez seine Partei *Partido Socialista Unido de Venezuela* (PSUV). Darin unterscheiden sie sich deutlich von der ersten Populismus-Welle, die sich jenseits der Links-Rechts-Dichotomie anzusiedeln versuchte. Alle populistischen Staatschefs der dritten Welle traten und treten als radikale Linke auf, die gegen die freie Marktwirtschaft kämpfen und mit einem neuen Entwicklungsmodell echte Fortschritte für die Armen erreichen wollen.

Dass dieser linkspopulistische Diskurs so gut ankommt, liegt an den sozialen Missständen, die in den letzten beiden Jahrzehnten des 20. Jahrhunderts infolge der neoliberalen Reformen in Lateinamerika entstanden. Diese Reformen brachten zwar makroökonomische Stabilität, trugen jedoch nicht dazu bei, die in fast allen Ländern der Region große sozioökonomische Ungleichheit zu verkleinern. Die Populisten der dritten Welle taten sich dadurch hervor, dass sie das Thema Ungleichheit politisierten und die regierenden Eliten verurteilten. Durch die Verknüpfung von sozialistischen und populistischen Ideen entwickelten sie darüber hinaus eine inkludierende Auffassung vom »anständigen Volk«: Zum Volk gehören alle, die ausgeschlossen oder diskriminiert werden. Besonders offensichtlich ist das im Fall von Morales in Bolivien, der in seinem »ethnopopulistischen« Diskurs zwar den multiethnischen Charakter des Landes anerkennt, sich jedoch entschieden für Maßnahmen zur Unterstützung diskriminierter indigener Volksgruppen einsetzt.

In Hinblick auf die korrupte Elite beklagen alle Populisten der dritten Welle, ihre Länder seien von einem betrügerischen Establishment regiert worden, das die Spielregeln zu ihren eigenen Gunsten manipuliert habe. Deshalb, so heißt es, sei die Zeit gekommen, dem Volk seine Souveränität »zurückzugeben«. Eine »verfassunggebende Versammlung« soll einen neuen Verfassungsentwurf entwickeln, der in einem Referendum dem Volk vorgelegt wird. Alle drei Staatschefs – Chávez, Correa und Morales – leiteten unmittelbar nach ihrem Amtsantritt eine solche Verfassungsreform in die Wege. Jüngere Entwicklungen zeigen, dass die neuen Verfassungen nicht nur die Macht der alten Eliten beschneiden, sondern es der Opposition auch erheblich erschweren, in einem freien und fairen politischen Verfahren gegen die populistische Regierung anzutreten.

Europa

Im 20. Jahrhundert fristete der Populismus in Europa eher eine Randexistenz, auch wenn eine der zwei neuen agrarischen Populismus-Bewegungen im Russland des ausgehenden 19. Jahrhunderts entstanden ist. Der russische Populismus (*narodnichestwo*) entsprang der Not der Kleinbauern im feudal-zaristischen Russland. Er forderte demokratische Reformen, um die Bauern vor der Ausbeutung durch die Feudalherren und der Kommerzialisierung der Landwirtschaft zu schützen. Doch während in den USA die Populisten eine politische Massenbewegung in Gang setzten, wuchsen die russischen Narodniki nie über eine kleine kulturelle Bewegung einer überwiegend städtischen Intelligenzija hinaus. Zwischen 1874 und 1877 ging die Bewegung »Zieht ins Volk« ins ländliche Russland, um »das Volk« gegen »die Elite« zu mobilisieren, doch die meisten Kleinbauern erteilten ihnen eine Absage. Ihre beiden wichtigsten Organisationen »Volkswille« und »Schwarze Umverteilung« gerieten 1881 ins Straucheln, als ein junges Mitglied des »Volkswillens« Zar Alexander II. ermordete.

Auch wenn die Narodniki in Russland scheiterten, beeinflussten sie doch viele der Agrarbewegungen, die sich Anfang des 20. Jahrhunderts in Osteuropa bildeten. Ähnlich wie die Populisten in Nordamerika vertraten diese Bewegungen einen Agrarpopulismus, der das Kleinbauerntum als Hüter der Moral, Stütze des landwirtschaftlichen Lebens und Fundament der Gesellschaft verklärte. Diese Bewegungen lehnten Zentralisierungstendenzen, die städtische Elite und auch die materialistische Basis des Kapitalismus entschieden ab und plädierten stattdessen für Selbstverwaltung und den Erhalt der kleinen Familienhöfe. Die agrarischen Populisten waren in den ländlichen Gebieten Osteuropas recht beliebt, blieben aber in den autoritären Staaten, die von einer Elite aus Landbesitzern und Militär regiert wurden, weitgehend von der Macht ausgeschlossen.

Kommunismus und Faschismus liebäugelten mit dem Populismus, besonders in der Phase, in der sie als Bewegungen noch um die Unterstützung der Massen buhlten. Beide sollten jedoch grundsätzlich als Ideologien und Regime betrachtet werden, die eher elitär als populistisch waren. Besonders offensichtlich ist das im Fall des Faschismus, der in seinen verschiedenen Varianten nicht das Volk, sondern den »Führer« und die »Rasse« (Nationalsozialismus) beziehungsweise den Staat (Faschismus) verherrlicht. Der Kommunismus hat zwar stärker das Volk im Blick, doch besonders im Marxismus-Leninismus ist er im Kern sehr elitär. Die Kommunistische Partei gilt als Spitze des Volkes (das heißt, der Arbeiterklasse), die diesem nicht folgt, sondern es eher führt. Auch die Grundideen des »Klassenkampfes« und besonders des »falschen Bewusstseins« stehen im Widerspruch zum Populismus.

In der Forschung ist man sich einig, dass in der europäischen Politik der ersten Jahrzehnte nach dem Zweiten Weltkrieg der Populismus so gut wie keine Rolle spielte. Osteuropa stand unter der Herrschaft kommunistischer Regime, die einem starken Anführer (Stalin) eine starke, aber ineffiziente Bürokratie folgen ließen, während in Westeuropa der Aufbau der Demokratien unter ideologischer Zurückhaltung geschah, weil man sowohl den Faschismus als auch den Kommunismus fürchtete. Einzelne populistische Bewegungen gründeten sich überwiegend als konservativ-ländliche Gegenreaktion gegen die Zentralisierung und Politisierung des landwirtschaftlichen Sektors. Eine der wenigen erfolgreichen populistischen Parteien war in Frankreich Pierre Poujades Union zur Verteidigung der Händler und Handwerker. Die sogenannten Poujadisten bestritten zwar nur eine erfolgreiche Parlamentswahl (1956), hatten jedoch eine nachhaltige Wirkung auf die französische Politik. Der Poujadismus hat sich nicht nur in Frankreich zu einem Synonym für Populismus entwickelt.

Erst Ende der 1990er-Jahre wurde der Populismus in Europa zu einer relevanten politischen Kraft. Aus Enttäuschung über frühere und neuere Entwicklungen in der europäischen Politik und Gesellschaft, etwa die europäische Integration und die Zuwanderung, entstanden auf dem gesamten Kontinent radikal rechtspopulistische Parteien, deren Erfolg und politischer Einfluss jedoch stark variierten. Diese Parteien führen den Populismus mit zwei älteren Ideologien zusammen: Autoritarismus und Nativismus. Der Autoritarismus steht für das Bekenntnis zu einer streng geordneten Gesellschaft und die Betonung von »*law and order*«, wohingegen der Nativismus die Vorstellung vertritt, dass in einem Staat ausschließlich die im Lande Geborenen (»die Nation«) leben sollten und »Fremde« den homogenen Nationalstaat grundsätzlich gefährden. Die Fremdenfeindlichkeit des aktuellen europäischen Populismus leitet sich somit aus einem sehr spezifischen Nationenbegriff ab, der »das Volk« ethnisch und chauvinistisch definiert. Populismus, Autoritarismus und Nativismus sind somit im heutigen Europa eine Art Zweckehe eingegangen.

Ein Musterbeispiel für eine radikal rechtspopulistische Partei ist der Rassemblement National, 1972 als Front National von Jean-Marie Le Pen gegründet, der einst für Poujades UDCA ins Parlament eingezogen war. Le Pen formte aus unorganisierten elitären ultrarechten Kräften eine gut organisierte rechtspopulistische Partei, die Parteien und Politiker in ganz Europa beeinflusste. Der Front National, so Le Pens Anspruch, »sagte, was er dachte« und brachte sich gegen die »Viererbande« in Stellung, also die vier damals etablierten Parteien. Radikal rechtspopulistische Parteien führen in ihrer Wirtschaftspolitik des Wohlfahrtschauvinismus sowie in ihrem außenpolitischen Euroskeptizismus den Nativismus und den Populismus zusammen. Sie werfen der Elite vor, durch die Aufnahme von Einwanderern – die die Elite angeblich später wählen – den Sozialstaat zu zerstören, und fordern ein Sozialsystem, das den »eigenen Leuten« vorbehalten ist. In Hinblick auf die Außenpolitik beschuldigen sie die nationale Elite, Land und Volk an die EU »zu verkaufen«, diesen »bürokratischen, sozialistischen, undemokratischen Moloch«, der nur einer kosmopolitischen Elite nützt.

Neben der radikalen nativistisch-populistischen Rechten, die oft aus nationalen Subkulturen hervorgeht, entwickelten sich aus dem politischen Mainstream auch mehrere neoliberale populistische Parteien wie die Forza Italia (FI) und die United Kingdom Independence Party (UKIP). Aus Ärger über hohe Steuern, steigende Sozialausgaben und die Mitverantwortung etablierter rechter Parteien an dieser Situation vertreten sie eine neoliberale Politik der Steuersenkungen und des Freihandels und attackieren das politische System und die Eliten. Wie ihre Kollegen in Nordamerika machen sie Anleihen beim Producerismus, wenn auch in einer moderateren Version, und werfen der Elite (das heißt, den etablierten Parteien und den Gewerkschaften) vor, hart arbeitende einfache Leute mit unnötigen Gesetzen und hohen Steuern zu drangsalieren und gleichzeitig ihre eigene unproduktive Wählerschicht aus Beamten und Zuwanderern völlig unverdient zu belohnen.

Das Ende des Kommunismus entfesselte in ganz Mittel- und Osteuropa eine populistische Gesinnung. In den wenigen Ländern, in denen die Zivilgesellschaft den Sturz der kommunistischen Regime mitbetrieben hatte, etwa in der DDR und in Polen, prägten populistische Slogans wie »Wir sind das Volk« die »Revolution«. Besonders stark waren populistische Tendenzen in den Gründungswahlen, also den ersten freien und fairen Wahlen im postkommunistischen Osteuropa, in denen breite Wahlbündnisse, sogenannte *umbrella parties,* »das Volk« gegen »die Elite« der Kommunistischen Partei vertraten. So lautete beispielsweise der offizielle Slogan des tschechischen Bürgerforums (OF): »Parteien sind für Parteimitglieder da, das Bürgerforum ist für alle da.« Die meisten dieser Parteien zerbrachen schon bald nach den ersten Wahlen und hinterließen eine Lücke, in die

Abb. 3: Nigel Farage posiert mit einem Glas Bier in einem britischen Pub für die Medien. Er organisierte im Referendum um die EU-Mitgliedschaft Großbritanniens (Brexit) federführend die Leave-Kampagne und präsentierte sich als »einfacher Brite«, der mit den Ideen und Interessen »des Volkes« auf einer Wellenlänge liegt.

kleinere populistische Parteien der Linken, der Mitte und der Rechten hineinstoßen konnten. Viele dieser sogenannten *flash parties* – Blitzparteien: heute da und morgen schon wieder weg – waren eng an eine bestimmte Persönlichkeit geknüpft. Ein gutes Beispiel für eine frühe postkommunistische Blitzpartei ist die populistische Partia X des zwielichtigen kanadisch-polnischen Geschäftsmannes Stanislaw Tyminski, der überraschend in der Präsidentschaftswahl 1990 den zweiten Platz belegte und sich erst im zweiten Wahlgang dem legendären Chef der antikommunistischen Gewerkschaft Solidarność, Lech Wałesa, geschlagen geben musste.

Während sich die postkommunistischen Gesellschaften mit den Veränderungen des doppelten (wirtschaftlichen und politischen) Wandels abmühten – wenn neue Staaten entstanden, vollzog sich in einigen Fällen sogar noch eine dritte, nationale, Umwandlung –, versuchten populistische Akteure die wachsende politische Unzufriedenheit für sich zu nutzen und machten die »gestohlene Revolution« zum Thema. Sie warfen den neuen demokratischen Eliten vor, der alten kommunistischen Elite angehört oder mit ihr unter einer Decke gesteckt zu haben. Und sie riefen zu einer neuen »echten« Revolution auf, um die korrupte postkommunistische Elite aus dem Amt zu jagen und endlich dem Volk die Macht zu übergeben. Erfolgreich war dieser Diskurs erwartungsgemäß besonders in Ländern, in denen die Demokratie aus einem Pakt zwischen Vertretern des kommunistischen Regimes und der demokratischen Opposition hervorgegangen war. Sowohl der Ungarische Bürgerbund (Fidesz) als auch die Partei Recht und Gerechtigkeit (PiS) in Polen behaupten seit langem, die wahre Revolution stehe noch aus. Als die Fidesz 2010 eine große Mehrheit erlangte, änderte sie sogar die Verfassung mit der Begründung, dass »wir nie umsetzen konnten, was wir 1989 vorhatten«.

Zwar ist der Populismus in Europa überwiegend rechts angesiedelt, doch durch die Finanzkrise gewann auch der Linkspopulismus an Schwung. In Griechenland schlossen sich wegen der wirtschaftlichen Verheerungen mehrere linke Gruppen zur neuen linkspopulistischen Koalition der Radikalen Linken (Syriza) zusammen, während in Spanien aus den Protesten der »Empörten« (*Indignados*) die neue Partei Wir können (Podemos) hervorging. Dieser Linkspopulismus weist Parallelen zur Occupy-Bewegung in Nordamerika auf, auch wenn jede Gruppierung ihre spezifischen Feindbilder und Begriffe hat. Für Syriza ist die EU ein wichtiger Teil der Elite, während Podemos überwiegend gegen »*la casta*« antritt, eine abwertende Bezeichnung für die politische Elite in Spanien. Linkspopulistische Kräfte in Europa sind tendenziell EU-skeptisch, allerdings mehr aus sozial(istisch)en als aus national(istisch)en Gründen. So lehnen sie entschieden die von der sogenannten Troika – aus Europäischer Kommission, Europäischer Zentralbank (EZB) und Internationalem Währungsfonds (IWF) – auferlegten Sparmaßnahmen ab.

Abseits der drei Hauptregionen

Auch in den Schwellenländern besonders in Südostasien, im Nahen Osten und Subsahara-Afrika nimmt der Populismus zu. Die meisten dieser Länder sind Wahldemokratien, und populistische Kräfte finden sich sowohl in der Regierung als auch in der Opposition. Angesichts der größeren wirtschaftlichen, sozialen und politischen Vielfalt dieser Regionen lassen sich schwerer klare Tendenzen ausmachen. Trotzdem stechen bei den populistischen Akteuren bestimmte gemeinsame Merkmale heraus.

Die Region mit der ausgeprägtesten populistischen Tradition ist Australasien, genauer gesagt Australien und Neuseeland. Beide Länder erlebten in den 1990er-Jahren ähnlich wie Westeuropa den Aufstieg rechtspopulistischer Parteien. New Zealand First (NZF) und die australische One Nation Party (ONP) entstanden aus dem wachsenden Ärger über zunehmende Einwanderung und neoliberale Sozialstaatsreformen. Beide Parteien behaupten, für die »einheimische« Bevölkerung zu sprechen, doch während die ONP in Australien die Interessen der Nachkommen weißer Siedler gegen die der indigenen Aborigines vertritt, begreift sich NZF in Neuseeland in erster Linie als Stimme der indigenen Maoris.

Der südostasiatische Populismus entstand aus der asiatischen Wirtschaftskrise 1997, die dem spektakulären Aufstieg der sogenannten Tigerstaaten ein abruptes Ende bereitete. Besonders in den sich entwickelnden Demokratien der Region artikulierten populistische Akteure die breite Unzufriedenheit mit den mittlerweile in Verruf geratenen alten Spitzenpolitikern und ihrer Politik. Die Populisten verbanden Nationalismus und Populismus und griffen die neoliberale »Globalisierung« und die nationalen Eliten an, die diese Politik umgesetzt hatten. Populistischen »Außenseitern« wie Joseph Estrada auf den Philippinen und Roh Moo-hyun in Südkorea gelang sogar ein Sieg in der Präsidentschaftswahl, auch wenn ihre Amtszeit relativ kurz und erfolglos blieb. Das extremste Beispiel eines »Blitzpopulisten« war wohl Chen Shui-bian, »Volkspräsident« Taiwans, dessen »Volksregierung« nach nur fünf Monaten zusammenbrach. Der bekannteste Populist Südostasiens ist zweifellos Thaksin Shinawatra in Thailand, der als Premierminister nach großen öffentlichen Protesten und einem Militärputsch sein Amt abgeben musste; seine Schwester Yingluck konnte jedoch sein Projekt fortführen.

In Afrika ist Populismus relativ selten, denn viele Länder sind entweder noch autoritär regiert oder haben eine bestenfalls unvollkommene Wahldemokratie. Anders als in den meisten anderen Regionen verbindet sich der Populismus dort meist mit autoritären Diktatoren wie dem ugandischen Präsidenten Yoweri Museveni und dem sambischen Präsidenten Michael Sata, deren Populismus Teil eines Machtkampfes innerhalb der Elite war. Museveni führte ein »Kein-Parteien-System« ein, das auf plebiszitären Instrumenten wie Volksabstimmungen beruht, und lehnte liberaldemokratische Institutionen wie unabhängige Gerichte entschieden ab. Als das Oberste Gericht ein Referendum für null und nichtig erklärte, kommentierte er in vorbildlich populistischer Manier: »Die Regierung wird keiner Autorität, auch nicht den Gerichten, erlauben, die Macht des Volkes an sich zu reißen.« Selbst im außergewöhnlichen Fall Südafrikas, das eine der wenigen liberalen Demokratien auf dem Kontinent besitzt, entsprang der Populismus meist dem Establishment. Julius Malema, die populistische Stimme der innerparteilichen Opposition im regierenden African National Congress (ANC), leitete 2008 bis 2012 die ANC-Jugendorganisation. Wegen seiner aufpeitschenden Rhetorik, seines problematischen Verhaltens und polemischer politischer Initiativen wurde er 2012 aus dem ANC ausgeschlossen und gründete eine neue Partei namens Economic Freedom Fighters (EFF).

Im Nahen Osten schließlich denkt man beim Stichwort Populismus an frühere Regierungen wie diejenige Gamal Abdel Nassers in Ägypten (1954–1970) und Muammar al-Gaddafis in Libyen (1969–2011), aber erst im 21. Jahrhundert entwickelte sich der Populismus in der Region zu einem festen Bestandteil der Politik. In etablierteren Demokratien wie Israel und der Türkei prägt er Regierungs- und Oppositionsparteien wie auch einzelne Politiker, unter ihnen die langjährigen Staatschefs Benjamin Netanjahu in Israel und Recep Tayyip Erdoğan in der Türkei. Und obwohl die diversen »Revolutionen« des sogenannten Arabischen Frühlings nicht per se populistisch waren, wurden die vielen Demonstranten doch mit einer populistischen Rhetorik mobilisiert. Der Slogan, der am engsten mit dem Arabischen Frühling verbunden ist und auf Demonstrationen von Tunesien über Ägypten bis in den Jemen skandiert wurde, lautete: »Das Volk will das Regime stürzen!«

Populismus über Zeiten und Länder hinweg

Innerhalb von etwa 150 Jahren hat sich der Populismus, ausgehend von einer kleinen elitären Gruppierung im zaristischen Russland und einer breiten, aber unorganisierten Bewegung in Teilen der Vereinigten Staaten, zu einem vielgestaltigen, erdumspannenden politischen Phänomen entwickelt. Sein Aufstieg ist eng verbunden mit dem weltweiten Aufstieg der Demokratie. Das soll nicht heißen, dass die beiden einander bedingen: Populismus kann auch in autoritären Regimes vorkommen, und in vielen Demokratien gibt es keine relevanten populistischen Kräfte. Doch als Ideologie, die den Gemeinwillen des Volkes erhöht, profitiert der Populismus von der wachsenden globalen Hegemonie des demokratischen Ideals und auch von den Chancen, die sich ihm durch die Wahldemokratie und die Enttäuschungen in einer liberalen Demokratie eröffnen.

Alle politischen Phänomene entspringen einem mehr oder weniger spezifischen kulturellen, politischen und sozialen Kontext; der Populismus ist da keine Ausnahme. Deshalb nimmt er auch eine breite Vielfalt an Formen an. Die Wahl der spezifischen Form hängt davon ab, welche sozialen Missständen den Kontext prägen, in dem der Populismus aktiv ist. Populistische Akteure verstehen sich bestens darauf, Klagen aus der Bevölkerung, derer sich die herrschenden politischen Kräfte absichtlich oder unabsichtlich nicht ausreichend annehmen, aufzunehmen und zu politisieren. Doch weil er aus einem recht einfachen Ideengefüge besteht, tritt er zwangsweise in Kombination mit einer Wirtsideologie auf, die eine breitere Interpretation des politischen Kontextes zulässt, sodass große Gruppen mit ihren Interessen erreicht werden können. Erst diese *Kombination* aus Populismus und Wirtsideologie bestimmt die spezifische Interpretation von »Volk« und »Elite«. Diese Interpretation steht normalerweise in einem engen Bezug zum nationalen Kontext, doch bestimmte regionale Phänomene können auch Wellen recht ähnlicher populistischer Akteure hervorbringen, etwa die radikal rechtspopulistischen Parteien im heutigen Europa oder die derzeitige Variante radikal linker Populisten in Lateinamerika.

KAPITEL 3

POPULISMUS UND MOBILISIERUNG

Die Definition, die wir vorgenommen haben, sagt noch nicht viel darüber aus, mit welchen Mitteln populistische Akteure die Massen mobilisieren. Ein Blick auf unterschiedliche Typen populistischer Mobilisierung hilft nachzuvollziehen, warum bestimmte Varianten in Wahlen erfolgreicher abschneiden und sich länger halten als andere. Zunächst wollen wir darauf eingehen, dass der Populismus meist mit einem starken (männlichen) Führer in Verbindung gebracht wird, der nicht so sehr mit seinem ideologischen Programm als vielmehr mit charismatischer Wirkung Rückhalt für *sich* gewinnt. Doch obwohl (männliche) charismatische Führungspersönlichkeiten im Populismus oft eine wichtige Rolle spielen, geht die populistische Mobilisierung durchaus nicht immer mit solch einem charismatischen Anführer einher. Unsere Beispiele für populistische Kräfte in aller Welt aus Vergangenheit und Gegenwart belegen, dass sich der Populismus unterschiedlicher Formen der Mobilisierung bedient.

Mit Mobilisierung meinen wir, dass ein bestimmtes Problem einem breiten Spektrum von Einzelpersonen ins Bewusstsein gerufen wird, die dieses ihr Anliegen sodann kollektiv unterstützen. Insgesamt lassen sich drei Typen der Mobilisierung unterscheiden: durch personalistische Führung, soziale Bewegung und politische Partei. Zwar lassen sich viele populistische Akteure klar einer dieser drei Kategorien zuordnen, doch andere vereinen Aspekte von zwei oder drei Typen der Mobilisierung, gleichzeitig oder nacheinander. Wie an diesen drei Typen zu erkennen ist, kann populistische Mobilisierung von oben nach unten erfolgen (personalistische Führung), von unten nach oben (soziale Bewegung) oder in beide Richtungen (politische Partei). Wie populistische Akteure mobilisieren, hängt auch vom jeweiligen politischen System, die Dauer ihres Erfolgs dagegen stark vom Typus der Mobilisierung ab.

Personalistische Führung

Die klassische Form populistischer Mobilisierung läuft über eine Einzelperson, die weitgehend unabhängig von einer bestehenden Parteiorganisation Wahlkampf betreibt und auf *ihre* persönliche Wirkung baut, um Rückhalt zu gewinnen. Denken wir an Rafael Correa in Ecuador, Pim Fortuyn in den Niederlanden, Alberto Fujimori in Peru, Beppe Grillo in Italien, Ross Perot in den USA oder Thaksin Shinawatra in Thailand. In all diesen Fällen verband eine persönliche beziehungsweise personalisierte Beziehung die Anhängerschaft mit der populistischen Führungspersönlichkeit, die ausschließlich von oben nach unten mobilisierte. Solche Führungsfiguren treten direkt mit ihren Anhängern in Kontakt, meist ohne Vermittlung durch eine starke politische oder soziale Organisation. Zwar mobilisieren nicht nur populistische Führungspersonen von oben nach unten, doch neigen sie besonders dazu.

Woher rührt diese empirische Nähe zwischen Populismus und personalistischer Führung? Eine Antwort auf diese Frage findet sich im populistischen Ideengefüge, in dem sowohl »das anständige Volk« als auch »die korrupte Elite« als homogene Gruppe gilt. Die populistische Führungsfigur kann daher für sich in Anspruch nehmen, die Personifizierung *des* Volkes zu sein (was natürlich auch jedes andere Mitglied »des Volkes« tun könnte). In einigen Fällen bildet sie nicht nur den Kern der Bewegung, sondern stiftet auch ihre politische Identität; denken wir nur an den Chavismo in Venezuela, den Fortuynismus in den Niederlanden und den Peronismus in Argentinien.

In den meisten Fällen allerdings gründen populistische Führungspersonen, häufig notgedrungen, eine politische Organisation, damit sie überhaupt erfolgreich an Wahlen teilnehmen können. Streng genommen ist diese Organisation eine Partei, also eine politische Gruppierung, die einen oder mehrere Kandidaten für die Besetzung öffentlicher Ämter präsentiert. Doch in vielen Fällen ist die Organisation nicht viel mehr als eine Fassade, die nur wenige Mitglieder, Gremien oder interne Strukturen hat. Deshalb stufen wir eine solche Pseudoorganisation als »personalistisches Wahlvehikel« ein, eine mehr oder weniger improvisierte und machtlose politische Struktur also, die von einer starken Führungsperson aufgebaut und vollständig von ihr kontrolliert wird, speziell zu dem Zweck, an Wahlen teilnehmen zu können.

Wenn eine populistische Führungsfigur ein solches Wahlvehikel entwickelt, ohne sich an eine starke politische Organisation zu binden, kann sie sich als Saubermann präsentieren, der – ohne jede Vermittlungsinstanz zwischen ihm und »dem Volk« – dem »Mann von der Straße« eine Stimme geben kann. So gewann Correa 2006 die Präsidentschaftswahl von Ecuador, indem er sich gegen das Establishment stellte und eine neue politische Partei gründete, die keine Kandidaten für den Kongress aufstellte. Correa begründete dies damit, dass politische Parteien betrügerische Organisationen seien. Er versprach die Einberufung einer verfassunggebenden Versammlung, damit diese eine neue Verfassung für ein institutionelles System entwickelte, das die Volkssouveränität würdigen sollte. Eine ähnliche Form personalistischer Mobilisierung lässt sich im Fall Geert Wilders in den Niederlanden beobachten, der zwar eine politische Partei gründete, sie aber in Wahrheit nur als personalistisches Wahlvehikel nutzte. Als einziges Mitglied der Partei für die Freiheit (PVV) entscheidet Wilders allein darüber, welche Personen die Partei in verschiedenen Parlamenten vertreten, wie sie sich verhalten und wie sie abstimmen sollen.

Personalistische Führung findet sich zwar überall auf der Welt, besonders häufig kommt sie jedoch zum Beispiel in Lateinamerika vor. In allen drei Wellen des lateinamerikanischen Populismus' erfolgte die Mobilisierung durch personalistische Führung, von Perón in der ersten Welle über Fujimori in der zweiten bis hin zu Correa in der dritten. Das gilt auch in den meisten nicht-westlichen Ländern, in denen Populisten erfolgreich mobilisiert haben, etwa in Südkorea und in Taiwan. Gemeinsam ist diesen Ländern, dass sie ein Präsidialsystem haben, die Demokratie sich noch in der Entwicklung befindet und die institutionalisierten politischen Parteien relativ schwach sind.

Beispiel: Alberto Fujimori in Peru

Ende der 1980er-Jahre erlebte Peru nicht nur eine schwere Wirtschaftskrise, sondern auch den Aufstieg der maoistischen Guerillabewegung Leuchtender Pfad. In diesem Umfeld stieg eine bis dahin völlig unbekannte Figur, Alberto Fujimori, zur Macht auf, indem er in einer populistischen Kampagne das Establishment für die dramatische Krise des Landes verantwortlich machte und sich selbst als »anständigen« Menschen präsentierte, der die korrupte Elite beseitigen wolle. Indem Fujimori seine japanische Herkunft betonte, stellte er sich als Außenseiter ohne Beziehungen zur weißen Elite dar und somit als einen, der wie die Mehrheit »des Volkes« wisse, wie es sei, wegen seiner Hautfarbe diskriminiert zu werden. Nicht zufällig lautete einer seiner Wahlkampfslogans: »Ein Präsident wie ihr«. Das war ein hintergründiger Angriff auf seinen Hauptgegner, den berühmten Schriftsteller Mario Vargas Llosa, einen bekannten Vertreter des kulturellen und politischen Establishments in Peru, der 2010 den Literaturnobelpreis erhielt.

Fujimori wurde 1990 zum Präsidenten gewählt, hatte aber keine politische Partei hinter sich und daher auch keine Macht im Kongress. So schuf er ein personalistisches Wahlvehikel namens Cambio 90 (Veränderung 90), indem er zwei kleinere Organisationen zusammenführte, die wenig miteinander gemein hatten: einen Verband von Kleinunternehmern und ein Netzwerk protestantischer Evangelikaler. Das Personal von Cambio 90 war so unbekannt und unerfahren, dass Fujimori kein einziges Parteimitglied in sein erstes Kabinett aufnahm. Er regierte lieber mit Unabhängigen, aktiven und pensionierten Militäroffizieren und einzelnen Vertretern anderer Parteien.

Für die Wahl 1995 gründete Fujimori eine neue Partei, Nueva Mayoría (Neue Mehrheit), die im Kongress die meisten Sitze erlangte; doch fast alle Abgeordneten waren politische Neulinge, handverlesen von Fujimori und seinen Vertrauten. Nach schlechten Ergebnissen in den Kommunalwahlen 1998 beschloss er, für die Wahlen 2000 noch einmal eine neue politische Partei zu gründen, die er Perú 2000 nannte. In einer überaus unfairen Wahl, bei der die Opposition gegenüber dem Amtsinhaber deutliche Nachteile in Kauf nehmen musste, konnte Fujimori zwar die Präsidentschaft erlangen, jedoch keine Mehrheit im Kongress. So ging er dazu über, systematisch oppositionelle Abgeordnete zu bestechen, damit sie seine Regierung unterstützten, was schließlich zu seinem Sturz führte. Als Ermittlungen wegen Bestechung eingeleitet wurden, faxte Fujimori von einem Japanbesuch seine Rücktrittserklärung nach Peru; er blieb mehrere Jahre in Japan, um dem Gefängnis in Peru zu entgehen.

In allen Wahlen trat Fujimori mit politischen Organisationen an, die extrem schwach waren und vollständig seiner Kontrolle unterstanden. Als seine Tochter Keiko mehrere Jahre später ebenfalls in die Politik ging, musste sie sich ihre politische Partei praktisch neu aufbauen; einige prominente Parteimitglieder hatten allerdings schon der *Fujimorista*-Regierung angehört oder sie zumindest unterstützt. Mithilfe ihrer neuen Partei Fuerza 2011 konnte Keiko Fujimori mit kommunalen Eliten und Graswurzelgruppierungen, die schon mit der Regierung ihres Vaters sympathisiert hatten, eine gemeinsame Identität schaffen.

Demonstrationen, Märsche und Massenkundgebungen sind in den Gesellschaften von heute verbreitete politische Phänomene. Sie illustrieren eine politische Mobilisierung, bei der sich Individuen zusammenschließen, um Druck auf mächtige Akteure auszuüben. Wenn Proteste nicht nur vorübergehend auftreten, sondern über längere Zeit anhalten, spricht man von einer sozialen Bewegung. Soziale Bewegungen werden meist als informelle Netzwerke (oder »Netzwerke aus Netzwerken«) beschrieben. Sie zeichnen sich durch ein dauerhaftes Engagement individueller Personen und politischer Gruppen aus, die einen klaren Gegner haben und zur Erreichung eines gemeinsamen Ziels kollektives Handeln in Gang setzen wollen. Klassische Beispiele sind die US-Bürgerrechtsbewegung der 1960er-Jahre und die westeuropäischen Umweltbewegungen der 1970er-Jahre.

Soziale Bewegungen führen als informelle Netzwerke Menschen mit gemeinsamer Identität und einem gemeinsamen Gegner zusammen, damit sie durch nicht-institutionalisiertes kollektives Handeln ein Ziel verfolgen können. Dass diese Menschen das nicht-institutionalisierte kollektive Handeln dem üblicheren Wahlprozess vorziehen, liegt oft daran, dass sie sich an Entscheidungsprozessen nicht beteiligen können. Das unterscheidet soziale Bewegungen von politischen Parteien wie auch von Interessengruppen, die meist formal organisiert sind und regelmäßig am Entscheidungsprozess teilnehmen.

Für die Definition einer gemeinsamen Identität und eines gemeinsamen Gegners müssen soziale Bewegungen ein

Deutungsraster entwickeln (Framing), mit dessen Hilfe sie die wichtigsten sozialen Missstände in der Gesellschaft bestimmen können. Für die Konstruktion eines solchen Deutungsrasters bedienen sie sich meist unterschiedlicher ideologischer Systeme. So entwickelte die Arbeiterbewegung unter Rückgriff auf marxistische Ideen ein Raster, dem zufolge die Unternehmen als gemeinsamer Gegner und die Arbeiterschaft als leidende Bevölkerung eingeordnet wurde. Nichts hindert soziale Bewegungen daran, für die Konstruktion ihres Rasters auch den Populismus heranzuziehen. Das geschieht allerdings nicht sehr oft. Die meisten sozialen Bewegungen zielen auf die gemeinsame Identität einer *spezifischen* Gruppe von Individuen ab, zum Beispiel die Studierenden, die Frauen, die Arbeiterschaft und so weiter. Der Populismus dagegen spricht vom »Volk« als homogener Kategorie; seinem Ideengefüge zufolge sollte eine *breite Gruppe* von Individuen – wenn auch nicht die gesamte Gesellschaft – aktiv werden, um ihre Souveränität wiederzuerlangen, die ihnen eine »korrupte Elite« gestohlen hat. Folglich ist der Populismus für die Konstruktion eines Deutungsrasters, das auf eine spezifische Bevölkerungsgruppe abzielt (also eine Untergruppe »des Volks«) nicht sonderlich hilfreich.

Ein interessanter Aspekt populistischer Sozialbewegungen ist, dass sie die Mobilisierung von unten nach oben illustrieren. Meist fehlt populistischen Sozialbewegungen eine zentrale Führung oder eine dominante Führungsfigur, was nicht bedeuten muss, dass sie führungslos wären. Bestimmte Personen können von Zeit zu Zeit eine wichtige Rolle übernehmen, doch die größte Stärke der populistischen Sozialbewegung liegt darin, dass sie ein verbreitetes Wutgefühl gegenüber dem Establishment aufnehmen und als Lösung überzeugend das souveräne Volk heranziehen kann. Ereignisse wie größere Korruptionsskandale um hochrangige Mitglieder verschiedener Establishment-Gruppierungen oder schwere Verstöße gegen das Prinzip der Volkssouveränität begünstigen daher die Entstehung populistischer Sozialbewegungen. Ein politisches Umfeld, in dem spezifische Gruppen sich diskriminiert fühlen (zum Beispiel die Jugend) oder einen einzelnen Politikbereich reformieren wollen (zum Beispiel die Umweltpolitik), fördern dagegen eher nicht den Aufstieg populistischer Sozialbewegungen.

In der jüngeren Geschichte löste die Finanzkrise weltweit die Entstehung zahlreicher populistischer Sozialbewegungen aus. Occupy Wall Street in den Vereinigten Staaten und die sogenannten *Indignados* in Spanien sind dafür gute Beispiele. Occupy entwickelte als Motto den Slogan »Wir sind die 99 Prozent«, die *Indignados* den Spruch »Echte Demokratie jetzt – wir sind keine Ware in den Händen von Politikern und Bankern«. Beide Sozialbewegungen hatten einen ausgeprägt populistischen Ton: Sie stellten »die politische Kaste« (*la casta*) und die Wirtschaft als »die korrupte Elite« dar und definierten das homogene Volk (»die 99 Prozent«) als einzige Quelle politischer Legitimität. Beide Bewegungen zielten auf eine inkludierende Definition »des Volkes« ab, die auch randständige Minderheiten noch mit einschloss – ethnische, religiöse und sexuelle –, doch ein wesentlicher Bestandteil war der moralische Ausschluss »der Elite« aufgrund ihrer Interessen und Werte; darin waren sie den ausgeprägt exkludierenden populistischen Bewegungen aufseiten der politischen Rechten nicht unähnlich.

Beispiel: Die Tea Party in den Vereinigten Staaten

Obwohl die Ursprünge der Tea Party noch viel weiter zurückreichen, wird als Initialzündung der Bewegung oft der Wutausbruch des CNBC-Moderators Rick Santelli im Februar 2009 in der Chicago Mercantile Exchange genannt. Santelli wetterte gegen die Maßnahmen zur Bankenrettung, die der demokratische Präsident Barack Obama damals gerade umsetzte, die allerdings von seinem republikanischen Vorgänger George W. Bush begonnen worden waren. Santelli drehte sich zu den Börsenhändlern auf dem Parkett um und rief: »Die Zeit ist reif für eine neue Tea Party!« – Worte, die sich auf die Boston Tea Party im Jahr 1773 bezogen, den Protest gegen die von der britischen Regierung auferlegten Steuern, der das Vorspiel zur Amerikanischen Revolution bildete. Zwar kurbelte Santelli mit seinem medienwirksamen Auftritt zweifellos das Interesse für die neue Bewegung an, doch in vielerlei Hinsicht war die Tea Party nur die jüngste Ausprägung einer langen Tradition konservativ-populistischer Entrüstung in den Vereinigten Staaten.

Die Tea-Party-Bewegung gründete auf einer Vielzahl lose organisierter rechtspopulistischer Graswurzel-Aktivisten, unter ihnen die Bloggerin Keli Carender (auch als »Freiheitsglocke« bekannt) und Gruppierungen wie die Tea Party Patriots, aber auch auf professionell und landesweit organisierten konservativen Gruppen wie den Americans for Prosperity und FreedomWorks. Die Koalition aus sogenannten Grassroots- und Astroturf-Gruppierungen war von Anfang an problematisch, da viele Aktivisten an der Basis die professionell organisierten Astroturf-Organisationen als Teil der korrupten Elite betrachteten. Als die Tea Party, durchaus nicht wegen der Astroturf-Gruppen, immer enger mit der Republikanischen Partei kooperierte, wandten sich die populistischeren Teile der Bewegung von den gemeinsamen landesweiten Kampagnen ab und konzentrierten sich stärker auf lokale und regionale Aktivitäten, besonders im Mittleren Westen und im Süden der USA.

Doch auch die Graswurzelbewegung der Tea Party umfasst viele verschiedene Ziele und Gruppierungen, die beispielsweise eher in die libertäre, sozial konservative, religiös-fundamentalistische oder weiß-suprematistische Richtung gehen. Diverse Führungspersonen drängten an die Spitze, vom rechtskonservativen Fernsehmoderator Glenn Beck bis hin zur Kongressabgeordneten Michelle Bachmann, die jedoch alle jeweils mit spezifischen Untergruppen verbunden sind und daher in der amorphen Bewegung ebenso viel Opposition wie Unterstützung finden. Selbst die frühere Gouverneurin von Alaska Sarah Palin, die nationale und internationale Berühmtheit erlangte, als John McCain sie 2008 zur Vizepräsidentschaftskandidatin berief, verlor sich in dem Kampf zwischen einzelnen Tea-Party-Gruppen und wurde scharf kritisiert, weil sie für ihre Auftritte auf (kommerziellen) Veranstaltungen der Bewegung hohe Honorare einstrich.

Wie andere populistische Basisbewegungen vor ihr verlor die Tea Party auf nationaler Ebene rasch an Schwung, was zum Teil daran lag, dass ihr eine landesweite Führung und Organisation fehlte; bestimmte Gruppen haben allerdings regional weiterhin großen Einfluss. Einige republikanische Spitzenpolitiker, die der Tea Party nahestanden, traten 2016

Abb. 4: Die Tea Party ist eine populistische Bewegung, die in der Wirtschaftskrise Ende der 2000er-Jahre in den Vereinigten Staaten an Einfluss gewann. Ihre Graswurzelorganisationen, die nicht unmittelbar von gewählten Politikern kontrolliert werden, veranstalten Demonstrationen wie hier in Mishawaka, Indiana, 2009.

in den Präsidentschaftsvorwahlen an (unter ihnen Ted Cruz, Rand Paul und Marco Rubio), doch ein Großteil der Basis unterstützte den GOP-Außenseiter Donald Trump. Es ist offen, wie viel Einfluss die Tea Party in nächster Zukunft auf die Führung der Republikaner und die Parteibasis haben wird. Jedenfalls gelang es Trump, mit Elementen der radikal rechten Tea-Party-Rhetorik Anhänger zu mobilisieren und die Präsidentschaftswahl 2016 zu gewinnen.

Dem amerikanischen Politikwissenschaftler E. E. Schattschneider zufolge ist Demokratie ohne politische Parteien nicht zu haben. Das ist wenn, dann nur leicht übertrieben. Ohne jeden Zweifel ist die heutige Demokratie als Regierungsform auf politische Parteien angewiesen. Im demokratischen System übernehmen Parteien drei Hauptfunktionen. Erstens versuchen sie die Interessen unterschiedlicher Gesellschaftsbereiche zu bündeln. Zweitens erarbeiten politische Parteien Programme, in denen sie der Wählerschaft bestimmte Zusagen machen. Diese wiederum bewerten die Programme und können entscheiden, welcher Partei sie in der Wahl ihre Stimme geben. Drittens investieren politische Parteien Zeit und Ressourcen in die Ausbildung von Personal, das zu Wahlen antritt und im Wahlamt später die versprochenen Reformen durchsetzt.

Diese drei Hauptfunktionen von Parteien sind eng mit politischer Repräsentation verbunden. Moderne Demokratien sind ein spezielles politisches System, in dem die Menschen ihre Abgeordneten frei wählen können; diese repräsentieren anschließend die Wählerschaft, indem sie in ihrem Namen Entscheidungen treffen. Diese Abgeordneten sind normalerweise Parteimitglieder, gehören also politischen Organisationen an, die für die Wahl öffentlicher Ämter Kandidatinnen und Kandidaten aufstellen. Wenn politische Parteien um Wählerstimmen buhlen, müssen sie die Themen aufspüren, die dem Wahlvolk besonders wichtig sind, und ein entsprechendes politisches Programm entwickeln. In diesem Prozess der Themenfindung und Programmerstellung stehen Parteiaktivisten, Mitglieder und Spitzenpolitikerinnen in engem Kontakt. Folglich besteht eine Partei aus mehr als nur einer Führungsperson. Auch wenn die Institution und Ideologie mit einer starken Führungsfigur zusammenhängen mögen, sind sie doch nicht völlig von ihr abhängig. Daher können Parteien oft auch ohne eine spezifische Person an der Spitze überleben.

Da Populismus häufig dazu genutzt wird, das Establishment zu kritisieren, lehnt er nach Ansicht vieler Fachleute und Wissenschaftler das Prinzip der politischen Repräsentation ab. Immerhin diskreditieren viele populistische Akteure und ihre Anhängerschaft bestehende politische Parteien als korrupte Organisationen. Das heißt jedoch nicht, dass der Populismus seinem Wesen nach der politischen Repräsentation widerspricht. Populisten wollen vor allem ihre Repräsentanten an der Macht sehen, also Repräsentanten »des Volkes«. Entsprechend fordern ihre Parteien mithilfe des Populismus das Establishment heraus und geben Bevölkerungsgruppen, die sich unterrepräsentiert fühlen, eine Stimme. Faktisch hängen der Aufstieg populistischer Parteien und ihre Wahlerfolge unmittelbar davon ab, ob es ihnen gelingt, bestimmte Themen zu politisieren, die von den bestehenden politischen Parteien absichtlich oder unabsichtlich nicht ausreichend bearbeitet werden. Sobald populistische Parteien relevant werden und ein Thema für sich reklamiert haben, erobern sie sich einen Platz in der politischen Landschaft und zwingen andere Parteien, zu reagieren und ihre Belange zu berücksichtigen. Zwar können das auch Sozialbewegungen erreichen, aber populistische Parteien sind, weil sie zusätzlich auch Stimmen (und Sitze) gewinnen können, oft effektiver.

Trotz der ideologischen Spannungen zwischen Populismus und Parteien sind politische Parteien in weiten Teilen Europas ein paradigmatischer Typus populistischer Mobilisierung. Die meisten europäischen Länder haben mindestens eine erfolgreiche populistische Partei; in etwa jedem dritten Land befindet sich unter den drei größten Parteien eine populistische. Einige entsprechen durchaus dem Stereotyp der »Blitzpartei«, die jedoch nicht so sehr echte Parteien als vielmehr kurzfristige Wahlvehikel sind, die von personalistischen Führungspersonen geschaffen wurden. Das trifft auf das prototypische Beispiel der Poujadisten-Partei zu, aber auch auf jüngere Phänomene wie die Volksbewegung für Lettland (TKL). Wenig überraschend erhielten und erhalten viele dieser Parteien den Namen der Person an ihrer Spitze, etwa das österreichische Team Stronach oder die holländische Lijst Pim Fortuyn, oder sie werden im Volksmund nach ihren Chefs benannt, etwa die TKL mit ihrem Chef Joachim Siegerist, die oft als Siegerist-Partei bezeichnet wird.

Viele der relevanteren rechtspopulistischen Parteien Westeuropas sind relativ gut etabliert und schon seit zwei oder mehr Jahrzehnten aktiv. Die Freiheitliche Partei Österreichs (FPÖ) und die Schweizerische Volkspartei (SVP) wurden 1956 beziehungsweise 1971 gegründet und haben sich seither zwar ideologisch verändert, organisatorisch aber eine gewisse Kontinuität bewahrt. Und sogar »neue« rechtspopulistische Parteien wie der Rassemblement National (RN) oder die norwegische Fortschrittspartei (FrP) reichen bis in die 1970er-Jahre zurück, während der belgische Vlaams Belang (VB) und die italienische Lega Nord (LN) Anfang beziehungsweise Ende der 1980er-Jahre gegründet wurden. All diese Parteien haben langsam, aber beständig ein solides Parteigebäude errichtet und institutionalisiert, oft mit Hilfsstrukturen wie zum Beispiel Jugendorganisationen. Selbst in Osteuropa, wo kaum eine Partei schon vor dem Fall des Kommunismus 1989 existierte und die meisten Parteien unbeständig und schwach sind, erweisen sich einige populistische Parteien als recht stabil und gut organisiert, so die linkspopulistische Richtung–Sozialdemokratie (Smer) in der Slowakei oder die rechtspopulistische Partei Recht und Gerechtigkeit (PiS) in Polen.

Beispiel: Rassemblement National in Frankreich

Der Rassemblement National (Nationale Sammlungsbewegung, RN) wurde unter dem Namen Front National 1972 als Koalition verschiedener ultrarechter *Kleinstgruppen* gegründet, die von der neofaschistischen Ordre nouveau bis zu den ultraorthodoxen Katholiken der Lefebvre-Sekte reichten. Zusammengehalten wurde die Partei von der übermächtigen Führungspersönlichkeit Jean-Marie Le Pens. Nach einem zögerlichen Beginn, in dem die Partei nicht viel mehr war als die Summe ihrer Teile – Mitte der 1980er-Jahre zählte sie lediglich 14.000 Mitglieder –, baute der FN unter Bruno Mégrets professioneller Organisation eine eigene Struktur auf. Im Jahr 1999 fügte eine Spaltung in ein Le Pen- und ein Mégret-Lager der Partei schweren Schaden zu, und sie verlor die meisten ihrer kompetenten Parteiorganisatoren und etwa zwei Drittel ihrer Führungskräfte. Unter Marine Le Pen erlebte die Partei ihren Wiederaufstieg und konnte, seit Le Pen 2011 die Parteiführung von ihrem Vater übernahm, die Zahl der Mitglieder fast vervierfachen, von gerade einmal 22.000 auf etwa 83.000.

Trotz der nominell demokratischen Statuten ist die Parteistruktur des RN extrem zentralisiert. Die Parteiführung wird vom Parteitag gewählt, auf dem sie sich ernsthaften Mitbewerbern stellen muss, doch ist sie erst eingesetzt, hat sie extrem viel Macht. Marine Le Pen übt unverhältnismäßig viel Einfluss über die breite Palette an Organisationen aus, deren Chefs von ihr ernannt werden und ihr unterstehen. Als sie die Parteiführung übernahm, war ihr Vater »Präsident auf Lebenszeit«, ein Ehrentitel, der ihn nach einer zunehmend öffentlich ausgetragenen Fehde zwischen Vater und Tochter allerdings nicht vor dem Rauswurf schützte. Obwohl der Parteitag seinem Ausschluss zustimmen musste und Jean-Marie Le Pen in der Partei Rechtsmittel einlegen konnte, wurde er nur von einem Zivilgericht gerettet, das zu seinen Gunsten entschied und die Partei zwang, ihn wieder aufzunehmen.

Heute ist die Organisation des RN über ganz Frankreich einschließlich der Überseegebiete verteilt. Er hat eine 25.000 Mitglieder starke und sehr aktive Jugendorganisation, Rassemblement National de la Jeunesse (RNJ). Außerdem verfügt der RN über eine Organisation für Auslandsfranzosen, die in elf geographischen Regionalniederlassungen Mitglieder in 80 Ländern rund um den Erdball hat. Um die Arbeiterschaft, die stärkste Wählerschicht, besser zu erreichen, hat die Partei mehrere Gewerkschaften gegründet, besonders in Branchen, die traditionell mit den Idealen des RN sympathisieren (zum Beispiel Polizisten und Gefängnis-Wachpersonal). Da die bescheidenen Erfolge in Gewerkschaftswahlen von den traditionellen Gewerkschaften für ungültig erklärt wurden, hat sich der RN auf die zunehmend erfolgreiche Strategie des Entrismus verlegt, das heißt, seine Mitglieder »infiltrieren« traditionelle Gewerkschaften und ihre Führung.

Ein dynamisches Modell

Zwar lassen sich die meisten Fälle populistischer Mobilisierung zumindest zu einem bestimmten Zeitpunkt oder in einem fest umrissenen Zeitraum einem dieser drei Typen zuordnen, doch oft durchläuft die Mobilisierung verschiedene Stadien. Fast immer beginnt sie ohne eine starke Organisationsstruktur, es sei denn, eine populistische Führungsfigur übernimmt eine bestehende, gut organisierte politische Partei und formt sie von einer nichtpopulistischen in eine populistische um. Interessanterweise geschieht das in Europa immer häufiger.

Viele der erfolgreichen populistischen Parteien Europas im linken und rechten Spektrum waren anfangs nicht populistisch. In Deutschland gilt das beispielsweise für Die Linke, die Nachfolgepartei der SED aus DDR-Zeiten, die eine elitäre marxistisch-leninistische Organisation gewesen war. Zwei der erfolgreichsten radikal rechten Parteien Westeuropas, die FPÖ in Österreich und die SVP in der Schweiz, waren zunächst nicht populistisch, auch wenn sie starke populistische Fraktionen hatten. Als Jörg Haider und Christoph Blocher jeweils zum Parteichef gewählt wurden, bauten sie die etablierte nichtpopulistische Partei in eine radikal rechtspopulistische Partei um. Dasselbe geschah in den USA, wo Donald

Trump die Republikaner mit einem rechtspopulistischen Wahlkampf kaperte und die Partei nun immer weiter in seine Richtung schiebt. Trump zeichnet aus, dass er kein Politiker ist, sondern ein Milliardär mit guten Beziehungen zum politischen Establishment. Trotz dieser Beziehungen ließ er keine Gelegenheit aus, der politischen Elite vorzuwerfen, dass sie die wahren Probleme des amerikanischen Volkes nicht nachvollziehen könne. So erklärte Trump auf einer seiner Kundgebungen, »das politische Establishment, das uns mit allen Mitteln aufzuhalten versucht, das sind genau die, die für unsere verheerenden Handelsabkommen verantwortlich sind, für die massive illegale Einwanderung und für die Wirtschafts- und Außenpolitik, die dieses Land ausblutet.« In Ausnahmefällen kann auch ein langjähriger Parteichef eine nichtpopulistische in eine populistische Partei umformen, so geschehen im Falle Viktor Orbáns mit seiner Fidesz in Ungarn.

Diese Beispiele belegen, dass Parteivorsitzende in populistischen Parteien sehr viel Einfluss haben können, doch das muss nicht bedeuten, dass die Organisationen für ihre Chefs nur Wahlvehikel sind. Selbst nachdem sie sich an die Spitze gesetzt hatten und beachtliche Wahlerfolge verbuchen konnten, erlebten Haider und Blocher erheblichen Widerstand aus der eigenen Partei – von Populisten wie Nichtpopulisten. Die Opposition innerhalb der FPÖ war so erbittert, dass Haider »seine« Partei schließlich verließ und eine neue gründete, das Bündnis Zukunft Österreich (BZÖ). Interessanterweise blieben außerhalb Haiders Hochburg Kärnten die meisten Wählerinnen und Wähler der alten Partei (FPÖ) treu und folgten ihrem alten Chef nicht zur neuen (BZÖ).

In den meisten Fällen allerdings erfolgt die populistische Mobilisierung unabhängig von einer bestehenden politischen Organisation. Das übliche Modell ist eine personalistische Führungsfigur, die ad hoc ein Wahlvehikel schafft, also die Mobilisierung von oben nach unten durch eine starke populistische Führungsfigur. In vielen Fällen bleibt eine solche Mobilisierung entweder erfolglos, oder sie löst sich kurz nach dem Wahlerfolg auf. Populistische Führungsfiguren, die mehrere Wahlen hintereinander mehr oder weniger erfolgreich mobilisieren können, gründen oft eine politische Partei, und sei es nur halbherzig und widerstrebend, um ihre Macht zu konsolidieren und ihre Schlagkraft zu verbessern.

So beherrschend die Führungspersönlichkeit auch sein mag, wird sie oft von der zugehörigen Parteien überlebt, die allerdings häufig zunächst eine Durststrecke erfolgloser Wahlen und schwacher Führung überstehen muss. Manche Parteien haben sogar mehrere starke Führungsfiguren nacheinander, etwa der FN/RN (erst Jean-Marie Le Pen, dann Marine Le Pen) oder die FPÖ (erst Haider, dann Heinz-Christian Strache). Manchmal kann auch der Tod des Gründers verschiedene Fraktionen wieder hinter dem gemeinsamen Ziel einen, eine politische Partei zu erschaffen, die ihre populistischen Ideen hochhält. Beispiele dafür finden sich in Lateinamerika, etwa in Argentinien, wo der Tod Peróns der Konsolidierung des Partido Justicialista den Weg ebnete, oder in Venezuela, wo nach Hugo Chávez‘ Tod der Partido Socialista Unido de Venezuela (Vereinigte Sozialistische Partei Venezuelas, PSUV) wieder erstarkte.

Soziale Bewegungen kommen als Typus der populistischen Mobilisierung zwar eher selten vor, waren und sind jedoch in den Vereinigten Staaten durchaus verbreitet, von der agrarischen populistischen Bewegung Ende des 19. Jahrhunderts bis hin zu den populistischen Bewegungen der Rechten und Linken Anfang des 21. Jahrhunderts. Wenn eine starke landesweite Führung oder Organisation fehlt, treten populistische Bewegungen wie andere soziale Bewegungen auch tendenziell episodisch und lokal auf. Occupy Wall Street ist ein hervorragendes Beispiel für ein populistisches Phänomen, das über eine kurze Phase als soziale Bewegung nicht hinauskam. Kaum eine populistische Sozialbewegung hält sich länger als ein paar Jahre. Falls es doch gelingt, ist sie, wie meist, mit gut organisierten Gruppen vernetzt; die Tea Party zum Beispiel hat auf regionaler und nationaler Ebene ein breites und vielfältiges Gefüge aus rechten Gruppierungen im Rücken, unter anderem die Republikanische Partei.

Wenn eine populistische Sozialbewegung eine starke Führungsfigur gefunden hat, kommt es zwischen beiden oft zu Spannungen. Die Bewegung verliert dann rasch an Zugkraft, zumal, wenn die Führungsperson eine politische Partei aufbauen und wichtige Aktivisten sowie die Aufmerksamkeit der Medien an sich binden kann. Das geschah erst kürzlich in Indien: Die populistische Sozialbewegung India Against Corruption (IAC), die 2011 in Reaktion auf eine nie da gewesene Korruptionswelle auf höchster Ebene entstanden war, löste sich praktisch in Luft auf, als Arvind Kejriwal, ein Mitglied der fünfköpfigen Führung »Team Anna«, die Aam Aadmi Party (Partei des einfachen Mannes, AAP) gründete und mit wechselndem Erfolg zu Wahlen antrat. Auch die spanischen *Indignados*, die 2011 aus Protest gegen wachsende Ungleichheit und Korruption entstanden waren, wurden

Abb. 5: Präsident Evo Morales, der aus einer indigenen Volksgruppe kommt, genießt in Bolivien breite Anerkennung. Er führt eine populistische Regierung, die seit ihrem Machtantritt 2006 umfangreiche linke Reformen durchgeführt hat. Nicht zufällig lautet sein Slogan: »Ein neues Bolivien aufbauen«.

von Podemos in den Hintergrund gedrängt; die Partei ging aus einem von 30 Intellektuellen und Personen des öffentlichen Lebens unterzeichneten Manifest hervor und konzentriert sich trotz ideologischen Widerstands stark auf ihren Gründer und Chef, den Politikwissenschaftler Pablo Iglesias Turrión.

Ein außergewöhnlicher Fall findet sich schließlich im heutigen Bolivien, wo alle drei Typen populistischer Mobilisierung gleichzeitig auftreten. Evo Morales, eine personalistische populistische Führungsfigur, hatte eine enge Bindung an Sozialbewegungen, die in den 2000er-Jahren gegen neoliberale Maßnahmen demonstrierten und sich für eine bessere

Repräsentation ethnischer Gruppen einsetzten. Morales wurde 2006 zum Präsidenten gewählt, und auch seine politische Partei *Movimiento al Socialismo* (MAS) pflegt enge Beziehungen zu diesen sozialen Bewegungen. Gleichzeitig ist MAS eine starke politische Organisation, die ungeachtet ihrer Loyalität zu Morales unterschiedliche Lager und eine landesweite institutionelle Struktur aufweist. Zwischen den drei Typen der populistischen Mobilisierung im Lande gibt es erhebliche Spannungen. So haben soziale Bewegungen Evo Morales zeitweise gezwungen, seine Haltung zu spezifischen Reformen zu ändern. Und obwohl er als Parteichef nach wie vor unangefochten ist, wird innerhalb der Partei durchaus darüber diskutiert, wer ihn in naher Zukunft ablösen soll.

Fazit

Populisten mobilisieren auf unterschiedliche Art und Weise. Die drei wichtigsten Typen populistischer Mobilisierung haben wir vorgestellt: personalistische Führung, soziale Bewegung und politische Partei. Zwei wichtige Fragen bleiben indes unbeantwortet. Erstens: Warum kommen bestimmte Typen der populistischen Mobilisierung in bestimmten Regionen häufiger vor als andere? Zweitens: Wirken sich diese unterschiedlichen Arten der populistischen Mobilisierung auf den Wahlerfolg des Populismus aus?

Beginnen wir mit einer Beantwortung der ersten Frage. Populisten agieren nicht im politischen Vakuum. Das jeweilige politische Umfeld prägt die Bedingungen und liefert Anreize, die für die drei unterschiedlichen Arten populistischer Mobilisierung mehr oder weniger förderlich sind.

Der wichtigste Faktor ist hier vermutlich, ob der Populismus in einem Präsidialsystem oder einer parlamentarischen Demokratie auftritt. Generell stärken Präsidialsysteme eine personalistische Führung, wohingegen parlamentarische Systeme die Gründung politischer Parteien begünstigen. Eine populistische Führungsfigur ohne Parteibindung kann in einem Präsidialsystem Bekanntheit erlangen und sogar die Macht übernehmen. In Lateinamerika ist das mehrmals geschehen (Beispiele sind Perón, Fujimori, Correa). In einem parlamentarischen System dagegen wird die Person, die die Exekutive kontrolliert, von einer oder mehreren politischen Parteien nominiert, die im Parlament vertreten sind. Daher sind nicht zufällig fast alle populistischen Kräfte in Europa mehr oder weniger gut organisierte politische Parteien.

Für das Entstehen populistischer Sozialbewegungen spielt die Unterscheidung zwischen Präsidial- und Parlamentssystem keine entscheidende Rolle. Wie andere sozialen Bewegungen auch, entwickeln sie sich vielmehr überwiegend in Demokratien mit eingeschränkter »politischer Gelegenheitsstruktur« (*political opportunity structure*, POS). Institutionen, die eine solche eher restriktive POS fördern, sind das Mehrheitswahlsystem, das zugehörige Zweiparteiensystem sowie hohe (finanzielle) Hürden für die Beeinflussung der Politik durch Wahlen oder Lobbyarbeit. In diesem Licht betrachtet, hat es seine Logik, wenn in den Vereinigten Staaten die soziale Bewegung als Typus populistischer Mobilisierung vorherrscht. Eine populistische Gesinnung ist in der US-Gesellschaft weit verbreitet, allerdings wird die Politik von nur zwei großen Parteien dominiert – den Republikanern und den Demokraten –, die höchst erfolgreich den Aufstieg lebensfähiger dritter Parteien verhindern. Viele Mainstream-Politiker in den Vereinigten Staaten bedienen sich daher zwar einer populistischen Rhetorik, doch die populistische Mobilisierung ist nur außerhalb der Parteistruktur möglich, in sozialen Bewegungen wie der Tea Party, die häufig eng mit einer der beiden Parteien verknüpft sind.

Damit kommen wir zur zweiten Frage: Wirkt sich der Typus populistischer Mobilisierung auf den Wahlerfolg aus? Um diese Frage zu beantworten, müssen wir berücksichtigen, dass Wahlerfolg unterschiedlich definiert werden kann: ein *Durchbruch* bei Wahlen bedeutet, dass man genügend Stimmen auf sich vereint, um die politische Arena zu betreten (zum Beispiel ins Parlament einzuziehen oder die Präsidentschaft zu erlangen), *Beständigkeit* in Wahlen dagegen ist dann erreicht, wenn man sich als stabile Kraft im politischen System etabliert hat.

Mit personalistischer Führung gelingt Populisten oft ein Durchbruch, zumal wenn die Führungsfigur Charisma besitzt, sich mit den passenden Attributen als Außenseiter positionieren und eine direkte Verbindung zu den Menschen herstellen kann. Eine solche Führungspersönlichkeit versteht sich allerdings meist schlecht auf den Aufbau von Institutionen. Wenn sie ein personalistisch ausgerichtetes Wahlprogramm entwickelt statt einer gut organisierten politischen Partei mit fähigen Aktivisten und Mitarbeitern, können sie nur schwer Beständigkeit entwickeln. So gewann Alberto Fujimori drei Präsidentschaftswahlen, doch als er im Jahr 2000 das Land verließ, verschwand auch seine Partei, und seine Tochter war gezwungen, auf den Trümmern des personalistischen Wahlvehikels ihres Vaters eine neue Partei aufzubauen.

Da sich populistische Parteien häufig einer radikalen Sprache bedienen, müssen sie mit den Reaktionen etablierter Parteien ebenso umgehen wie mit denen bürgerschaftlicher Organisationen und der Medien. Je heftiger diese Reaktionen ausfallen, desto schwieriger wird es für diese Parteien, eine gut funktionierende Organisation zu entwickeln und kompetentes Personal zu rekrutieren. Deshalb gelingt populistischen Parteien zwar häufig der Durchbruch bei einer Wahl, doch es fehlt ihnen an Beständigkeit. Manch eine populistische Partei kann eine größere Wahlschlappe auf landesweiter Ebene überleben, weil sie lokal oder regional Hochburgen besitzt, von denen aus sie einen landesweiten Comebackversuch starten kann. Viele radikal rechtspopulistische Parteien in Europa haben eine solche lokale Hochburg, etwa Vlaams Belang in Antwerpen oder die Schweizerische Volkspartei in Zürich. Das extremste Beispiel ist das österreichische Bündnis Zukunft Österreich, dessen Präsenz im Bundesparlament ausschließlich auf dem phänomenalen Rückhalt in Haiders Heimat-Bundesland Kärnten gründete.

Populistische Sozialbewegungen wirken sich zwiespältig auf den Wahlerfolg aus. Der Aufstieg solcher Bewegungen verhilft populistischen Ideen natürlich zu größerer Sichtbarkeit, doch daraus folgt nicht automatisch ein Wahldurchbruch populistischer Akteure. So deutet beispielsweise nichts darauf hin, dass die Bewegung Occupy Wall Street spürbar zur Wahl linkspopulistischer Politiker beigetragen hätte, auch wenn sie die Wahlkämpfe eher progressiver Demokraten wie Bernie Sanders und Elizabeth Warren befördert haben könnte. Anders sieht es aus, wenn eine starke populistische Sozialbewegung mit einer etablierten politischen Partei kooperiert oder in ihr mobilisiert wie im Falle der Tea Party und der Republikanischen Partei. Die Tea Party war zwar nicht in der Lage, die Partei US-weit unter ihre Kontrolle zu bekommen, doch in einigen Vorwahlen spielte sie eine gewichtige Rolle und trug erheblich dazu bei, dass sich in den Kammern der Bundesstaaten und auf Bundesebene der populistische Anteil republikanischer Vertreter deutlich erhöhte.

Die größte Chance auf Beständigkeit in Wahlen hat eine populistische Sozialbewegung allerdings, wenn es ihr gelingt, eine neue politische Partei zu gründen oder eine existierende umzubauen. Viele der erfolgreichsten Parteien gingen aus Sozialbewegungen hervor, die die für eine gut funktionierende Partei so wichtigen Organisationsressourcen bereitstellten. Man denke nur an den Einfluss der Arbeiterbewegung auf das Entstehen sozialistischer und sozialdemokratischer Parteien in Europa und Lateinamerika. Ein paradigmatisches Beispiel einer populistischen Sozialbewegung, die einer populistischen Partei sowohl zu Durchbruch als auch zu Beständigkeit verhalf, ist das *Movimiento al Socialismo* (MAS), dessen Chef Morales zuletzt dreimal in Folge die Präsidentschafts- und Parlamentswahlen in Bolivien gewann.

KAPITEL 4

DIE POPULISTISCHE FÜHRUNGSFIGUR

Die meisten politischen Phänomene stehen und fallen mit ihrem Führungspersonal, und der Populismus bildet da mit Sicherheit keine Ausnahme. In der Forschung heißt es häufig, wichtiger als seine verschiedenen Manifestationen sei, dass der Populismus starke Führungspersonen brauche, die es verstehen, die Massen zu mobilisieren und/oder mithilfe ihrer Parteien radikale Reformen durchzusetzen. Und es stimmt durchaus, dass der Populismus in seinen diversen Ausprägungen extravagante und starke politische Führungspersönlichkeiten hervorgebracht hat. Vom venezolanischen Präsidenten Hugo Chávez bis hin zum niederländischen Politiker Geert Wilders gibt es zahlreiche führungsstarke Populisten, die sich mit ihrem Verhalten und ihrer Redeweise als *vox populi* (Stimme des Volkes) gerieren. Der Populismus, so der britische Politologe Paul Taggart, brauche »die außergewöhnlichsten Persönlichkeiten, die die gewöhnlichsten Menschen führen«.

Da der Populismus in erster Linie ein Ideengefüge ist, das sich recht unterschiedliche Akteure zu eigen machen können, gibt es so etwas wie *die* typische populistische Führungsfigur nicht. Der charismatische »starke Mann«, der in vielen akademischen und populärwissenschaftlichen Schriften als klassische populistische Führungspersönlichkeit dargestellt wird, beschreibt zwar einige der bekanntesten Populisten, doch haben solche Personen nur in speziellen Gesellschaften Erfolg. Je nachdem, welche politische Kultur in dem Land herrscht, in dem ein Populist seine Anhängerschaft mobilisiert, kann das »Außergewöhnliche« sehr spezifische und unterschiedliche Merkmale umfassen. Allen populistischen Führungspersonen ist allerdings gemein, dass sie sich als Stimme des Volkes präsentieren, das heißt, sowohl als politische Außenseiter als auch als authentische Vertreter des gemeinen Volks. Dieses Image wird von der populistischen Führungsfigur sorgfältig konstruiert und mit einer Vielzahl persönlicher Merkmale unterfüttert und spiegelt nicht immer die Realität wider. Nehmen wir zum Beispiel den Fall Donald Trump, einen Milliardär ohne politische Kompetenz. Er präsentierte sich in seinen Wahlkampfreden als Outsider, der sich für »das Volk« einsetze, und Hillary Clinton als Insiderin, die sich für Insider einsetze.

Der starke Mann mit Charisma

In wissenschaftlichen Kreisen und in der Öffentlichkeit wird die populistische Führungsfigur implizit oder explizit oft als charismatischer starker *Mann* definiert. In Lateinamerika ist der typische Populist der *caudillo;* dieses Wort hat seine Wurzeln im lateinischen *caput* (Haupt) und bezeichnet normalerweise einen starken Anführer, der seine Macht uneingeschränkt und unabhängig von jeglichem Amt ausübt. Solche populistischen Machthaber herrschen meist auf der Grundlage eines »Führerkults«, der sie als maskulin und gewaltbereit darstellt.

Die Verbindung zwischen Populismus und starken Männern geht auf den argentinischen Präsidenten Juan Domingo Perón zurück, den populistischen Original-*caudillo*, der für viele bis heute den lateinamerikanischen Populismus personifiziert. Der Armeegeneral, der sich zum zivilen Politiker wandelte, hatte Ämter in autoritären wie auch demokratischen Regierungen inne. Ein jüngeres Beispiel für einen populistischen starken Mann ist der verstorbene venezolanische Präsident Hugo Chávez, ebenfalls ein Militäroffizier, aus dem ein erfolgreicher Politiker wurde. Außerhalb Lateinamerikas fehlt starken Männern oft die militärische Prägung, doch sie haben andere Merkmale gemein. Beispiele sind der frühere italienische Ministerpräsident Silvio Berlusconi, der ehemalige slowakische Ministerpräsident Vladimír Mečiar und der frühere thailändische Premierminister Thaksin Shinawatra.

Zwar gibt es einen engen Bezug zwischen populistischer Führung und starken Machthabern, doch darf man die beiden nicht verwechseln. Nur ein kleiner Teil der starken Männer sind Populisten, und nur ein kleiner Teil der Populisten sind starke Männer. Der Begriff vom starken Mann wird vielmehr häufig mit autoritären Regimen in Verbindung gebracht. Staatschefs wie Juan Manuel de Rosas in Argentinien (1793–1877), Porfirio Díaz in Mexiko (1830–1915) und Francisco Franco in Spanien (1892–1975) werden in der wissenschaftlichen Literatur als Beispiele für starke Männer genannt. Sie alle gelten aber als absolute Herrscher, also durchaus nicht als Demokraten. Da der Populismus aber eine, wenn auch ambivalente, Bindung zur Demokratie hat, ist der autoritäre Machthaber nicht dem Populismus zuzuordnen.

Abb. 6: Der polemische Populist Silvio Berlusconi war in den 1990er- und 2000er-Jahren mehrmals italienischer Ministerpräsident. 2007 gründete er eine neue politische Partei, Il Popolo della Libertà (Das Volk der Freiheit), die zwei bestehende rechte Gruppierungen verschmolz: Forza Italia und Alleanza Nazionale.

Viele Politiker präsentieren sich als starke Männer, doch im Populismus gehen sie noch einen Schritt weiter und stellen sich als Männer der Taten statt der Worte dar, die sich nicht scheuen, schwierige und schnelle Entscheidungen auch gegen den Rat von »Experten« zu fällen. Populisten bedienen sich eines Anti-Intellektualismus, beschwören eine Dringlichkeit, die sie oft erst selbst herstellen, und erklären, die Situation (»Krise«) erfordere »mutiges Handeln« nach dem »gesunden Menschenverstand«. Hier kann das Leben sogar die Kunst imitieren, wie auf den Philippinen der ehemalige Schauspieler Joseph »Erap« Estrada bewies: Er modellierte sein politisches Image nach seinen Filmrollen, in denen er als Volksheld auf Seiten der Armen und Unterdrückten gekämpft hatte.

Verstärkt wird dieses Image vom starken Mann häufig durch eine Betonung der Männlichkeit des populistischen Führers. Als eine junge Frau behauptete, sie sei Estradas uneheliche Tochter, erwiderte dieser, das könne gut sein, weil

»viele Frauen ein Baby von mir wollen«. Kaum ein Populist hat so leidenschaftlich das Männlichkeitsimage gepflegt wie Silvio Berlusconi. Während seine Gegner aus seinen berühmt-berüchtigten *bunga* (Sex-)Partys einen politischen Skandal zu machen versuchten, nutzte *Il Cavaliere* (der Ritter) die Medienaufmerksamkeit, um seine Virilität zu betonen. Lediglich die Behauptung, er habe auf Partys für Sex mit Call Girls bezahlt, stritt er vehement ab. »Wer gerne erobert, für den liegt die Wonne und die schönste Befriedigung in der Eroberung. Wenn man zahlen muss, wo bleibt da die Wonne?«, fragte er einmal in einem Interview.

Populistische Führungspersonen im Allgemeinen und starke Männer im Besonderen bedienen sich einer einfachen, oft vulgären Sprache und provozieren gern mit »Stammtischparolen«. Sie gerieren sich als »einen der Jungs«, einen Mann der Männer, die lieber über Sport und Frauen reden als über Politik und Strategie. Sie biedern sich dem »einfachen Mann« an, indem sie sexistische Stereotype bedienen und zotige Sprüche klopfen. Ein Paradebeispiel ist der frühere Chef der rechtspopulistischen italienischen Lega Nord (LN) Umberto Bossi, der die Menge aufputschte, indem er erklärte, die Lega habe »einen Steifen«, und Rom (also der Elite) buchstäblich den Stinkefinger zeigte.

Das vielleicht umstrittenste Merkmal des populistischen starken Mannes ist sein Charisma. Dem großen Soziologen Max Weber zufolge (1864–1920) braucht es für charismatische Führung »die Autorität der außeralltäglichen persönlichen *Gnadengabe* (Charisma), die ganz persönliche Hingabe und das persönliche Vertrauen zu Offenbarungen, Heldentum oder anderen Führereigenschaften eines einzelnen«.

Weber zufolge entsteht charismatische Führung vor allem in Krisenzeiten, in denen die Menschen nicht in den üblichen Quellen der Autorität Zuflucht suchen können (zum Beispiel »Sitte oder Satzung«), sondern in den spezifischen Persönlichkeitsmerkmalen bestimmter Einzelpersonen, die häufig politische Außenseiter sind. Webers Theorie von der charismatischen Führung hat großen Einfluss auf die Populismusforschung, auch wenn dies nicht immer explizit gewürdigt wird.

Unter Charisma versteht man gemeinhin außergewöhnliche Persönlichkeitsmerkmale einer Führungsfigur, die als universal gelten. Welche Merkmale das jedoch sind, sorgt für reichlich Diskussion und manche Verwirrung. Wenn Charisma und somit auch Popularität mit Begriffen wie »populär« und »stark« beschrieben werden, so grenzt das an eine Tautologie: Populäre Führungspersonen gelten wegen ihrer Popularität als »stark«, wohingegen unpopuläre Führungspersonen wegen ihrer mangelnden Popularität als »schwach« dargestellt werden.

Nach dem Weber'schen Verständnis stellt die charismatische Führung eine spezifische *Bindung* zwischen Anführer und Anhängern her, die von den Erwartungen und Wahrnehmungen der Anhänger ebenso definiert wird wie von den individuellen Eigenschaften der Führungsfigur. Es ist daher wenig zielführend, für das Charisma universelle Merkmale zu bestimmen. Vielmehr sind Charisma und seine Merkmale kulturell bedingt. In Schweden hält man andere Eigenschaften für charismatisch als, sagen wir, in Peru.

Ungeachtet dessen lassen sich recht typische Beispiele für charismatische Populisten finden, die eine direkte Bindung zu ihren Anhängern hergestellt haben. Besonders offensichtlich gilt das für populistische Führungspersonen, die ohne den Rückhalt einer starken Organisation oder einer ausgeprägten politischen Philosophie Anklang fanden, etwa der frühere brasilianische Präsident Collor de Mello oder der verstorbene niederländische Politiker Pim Fortuyn. Stehen Populisten einer gut organisierten Partei mit einem klar definierten Programm vor, lässt sich schon nicht mehr so leicht entscheiden, ob sich der Zuspruch aus Loyalität zur Partei, Unterstützung des Programms oder charismatischer Bindung an die Führungsfigur erklärt. Wahlbeobachter betonen oft, wie wichtig eine einzelne Führungsperson für den Wahlerfolg einer populistischen Partei ist und prägen dann Schlagworte wie »Le Pen-Effekt« oder »Phänomen Haider«. In beiden Fällen jedoch hatte das Charisma der Führungsfiguren offenbar nur eine vorübergehende Wirkung, das heißt, sie gewannen zwar (neue) Wählerinnen und Wähler, doch nach der Wahl festigten Parteiorganisation und Ideologie den Rückhalt der neuen Anhänger. Das und nicht so sehr das Charisma der Führungsperson erklärt den einigermaßen überraschenden Befund, dass viele dieser Parteien eine ungewöhnlich loyale Anhängerschaft haben, die ihnen auch nach einem Führungswechsel die Treue hält.

Einigen Forschern zufolge kann charismatische Führung in politischen Organisationen institutionalisiert werden, sodass eine »charismatische Partei« an die Stelle einer charismatischen Führung tritt. Angesichts der Vielfalt organisatorischer Strukturen würde es jedoch zu weit führen zu behaupten, dass populistische Parteien definitionsgemäß charismatische Parteien seien. Andere Forscher haben sich statt der externen die internen Wirkungen charismatischer Führung angesehen und darauf verwiesen, dass bestimmte populistische Führungspersonen ein »Cliquen-Charisma« besitzen, das einen inneren Kern von Aktivisten an eine spezifische Führungsperson bindet. Die »charismatische« Führungsperson könne auf diese Weise interne Spaltungen in einer breiteren Bewegung überwinden. Beispiele für populistische Führungsfiguren mit ausgeprägtem Cliquen-Charisma wären der frühere Chef des Front National Jean-Marie Le Pen, der im Alleingang eine extrem heterogene Koalition aus ultrarechten Gruppen zusammenhielt, oder Wladimir Schirinowski, Gründer und Chef der Partei mit dem irreführenden Namen Liberal-Demokratische Partei Russlands (LDPR).

Die *vox populi*

Da die populistische Politik im Wesentlichen aus einem Kampf des »anständigen Volks« gegen »die korrupte Elite« besteht und die Volkssouveränität angeblich um jeden Preis verteidigt, müssen sich Populisten auch als wahre Stimme des Volkes präsentieren. So wie »das Volk« und »die Elite« Konstruktionen sind (die indes meist auf einer verdrehten Interpretation der Realität gründen), so ist auch die *vox populi* eine populistisches Konstrukt, das ironischerweise vom Establishment und seinen antipopulistischen Floskeln häufig unwillentlich verstärkt wird. Das Konstrukt besteht aus zwei getrennten, aber miteinander verwandten Prozessen: 1. Distanzierung zur Elite und 2. Verbindung zum Volk. Während der erste Prozess den Außenseiterstatus der Populisten sichert, hängt der zweite mit der behaupteten Authentizität zusammen.

Populisten müssen ihre Anhängerschaft davon überzeugen, dass sie nicht der (korrupten) Elite angehören, sondern Teil des (anständigen) Volkes sind. Starke populistische Männer tun dies, indem sie ihre Entschlossenheit und Männlichkeit demonstrieren, damit im Volk verbreitete kulturelle Stereotypen aufnehmen und mit ihren Lösungen »dem gesunden Menschenverstand« folgen statt dem Rat von Experten. Andere populistische Führungsfiguren müssen jedoch kreativer sein. Wir wollen hier auf drei Gruppen eher untypischer populistischer Führungsfiguren eingehen, die sich als Stimme des Volkes präsentieren, indem sie sich auf ihr Geschlecht, ihre Profession oder ihre ethnische Zugehörigkeit berufen.

Frauen

Ungeachtet des Stereotyps vom starken *Mann*, das den Populismus in der öffentlichen Wahrnehmung nach wie vor beherrscht, gibt es auch zahlreiche Beispiele für weibliche populistische Führungsfiguren. Die vielleicht berühmteste Populistin war Eva Perón (1919–1952), die zweite Frau Juan Domingo Peróns, die nicht nur einfache Menschen in Argentinien, sondern auch Prominente im Ausland (etwa die US-Sängerin Madonna) nachhaltig inspirierte. Einige Populistinnen heutiger Tage sind mit einem »starken Mann« verwandt, etwa Marine Le Pen in Frankreich oder Yingluck Shinawatra in Thailand. Doch viele Populistinnen haben ihre politische Karriere auch als Selfmadefrauen eigenständig

Abb. 7: Marine Le Pen, Chefin des französischen Rassemblement National, spricht am Maifeiertag 2011 vor der Statue der Jeanne d'Arc in Paris. Der Ort war alles andere als zufällig gewählt, denn die rechtspopulistische Partei feiert ihre Erfolge mit der Neudefinition der französischen Nation.

aufgebaut. Das beste Beispiel ist wohl Pauline Hanson, die in Australien die One Nation Party (ONP) gründete und für den zugegebenermaßen kurzlebigen Erfolg der Partei maßgeblich verantwortlich war. Andere Beispiele sind Pia Kjærsgaard, einstige Vorsitzende Chefin der Dänischen Volkspartei (DF), die frühere AfD-Vorsitzende Frauke Petry, Siv Jensen, Chefin der norwegischen Fortschrittspartei (FrP), und die provokante Ex-Gouverneurin von Alaska Sarah Palin.

Führende Populistinnen bedienen sich, wie starke Männer auch, geschlechtsspezifischer Klischees in der Gesellschaft, um ihre spezifische Voxpopuli zu konstruieren. Vor allem betonen sie über ihr Geschlecht ihren Außenseiterstatus.

Allein schon, dass sie weiblich sind, wohingegen die große Mehrheit der (politischen) Elite aus Männern besteht, stärkt das Image der politischen Außenseiterin. So setzte sich Sarah Palin von dem Netzwerk aus *»good ol'boys«* ab, das die politische Landschaft Alaskas und der USA beherrscht. Geschlechtsspezifische Vorstellungen in der Gesellschaft helfen Populistinnen auch dabei, sich als Politikerinnen wider Willen darzustellen. Als Hanson in die Politik ging, erklärte sie: »Ich komme nicht als geschliffene Politikerin, sondern als Frau, die durch die harte Schule des Lebens gegangen ist.«

Um die Anknüpfung an das anständige Volk zu finden, betonen viele weibliche Führungsfiguren Merkmale der »guten Frau«, wie sie in ihrer Kultur definiert wird, und präsentieren sich vor allem als Mutter und Ehefrau. So wirken sie »authentisch« und stellen eine Bindung zu Wählerschichten her, die sich vom Establishment übergangen fühlen. Palin prägte den berühmt gewordenen Begriff der »Hockey Mom«, mit dem sie die in den USA gängigere »Soccer Mom« auf ihren spezifischen Alaska-Kontext übertrug, und mit der Bezeichnung »Mama Grizzly« bediente sie das Geschlechterstereotyp der Mutter, die ihre Kinder mit Zähnen und Klauen verteidigt. Besonders lehrreich ist die geschlechtsspezifische Verschmelzung von Nationalismus und Populismus, die Hanson mit den Worten betrieb: »Ich sorge mich mit solcher Leidenschaft um dieses Land, dass ich so etwas wie seine Mutter bin, Australien ist meine Heimat, und die Menschen in Australien sind meine Kinder.«

Unternehmer

Ein recht verbreiteter, aber weitgehend übersehener populistischer Führungstypus ist der Unternehmer. Einige der berühmtesten Populisten waren erfolgreiche Geschäftsleute, die zu den reichsten Menschen ihrer Länder zählten, ehe sie sich zur Stimme des einfachen Volkes aufschwangen. Das Familienvermögen der Shinawatras wurde von Forbes 2015 auf 1,6 Milliarden Dollar geschätzt, womit die Familie die zehntreichste Thailands war. Die Berlusconis besaßen unglaubliche 7,8 Milliarden Dollar und waren damit die sechstreichste Familie Italiens. Ross Perot, der als populistischer Kandidat in der US-Präsidentschaftswahl 1992 20 Prozent der Stimmen erlangte, soll rund 3,7 Milliarden Dollar besitzen, was ihn 2015 in der Liste der reichsten Personen der Vereinigten Staaten auf Platz 115 brachte.

Weil der Populismus auf einem Frontalangriff gegen das Establishment gründet, ist die Kombination aus Unternehmer und Populist nicht immer leicht zu verkaufen. Doch da die populistische Unterscheidung zwischen Volk und Elite nicht grundsätzlich auf sozioökonomischen Kriterien wie Klasse oder Reichtum gründet, sondern vielmehr auf Moral, können Unternehmer-Populisten ihren wirtschaftlichen Reichtum dazu nutzen, ihren Status als *politische* Außenseiter zu untermauern. Sie stellen sich als ehrliche Geschäftsleute dar, die ihren Wohlstand aus eigener Kraft erworben haben – *trotz* der korrupten Politiker und nicht mit deren Hilfe! Außerdem behaupten Unternehmer-Populisten, dass sie nur ungern in die Politik gegangen seien und anders als professionelle Politiker auch nicht, um finanziell Gewinn daraus zu ziehen. Um die wie immer anschaulichen Worte Berlusconis zu zitieren: »Ich brauche das Amt nicht um der Macht willen. Ich habe überall auf der Welt Häuser, riesige Jachten … schöne Flugzeuge, eine schöne Frau, eine schöne Familie … Ich bringe ein Opfer.«

Ein jüngeres Beispiel ist Donald Trump in den USA. Obwohl er zu den reichsten Menschen des Landes zählt, präsentierte er sich als Außenseiter, dessen einziges Interesse darin bestehe, dem Volk zu dienen. Wie er in einer Wahlkampfrede 2016 erklärte, »bricht ein neuer Tag an in Amerika. Die Regierung wird wieder auf das Volk hören. Die Wähler, nicht Spezialinteressen, werden das Sagen haben«.

Für Unternehmer-Populisten müsste es auf den ersten Blick ein Ding der Unmöglichkeit sein, eine Bindung zum Volk herzustellen. Ihr Alltag könnte ja kaum weiter von dem des »einfachen Mannes« entfernt sein, den zu repräsentieren sie behaupten. Kein Durchschnittsitaliener lebt in einem exquisit renovierten Landhaus aus dem 17. Jahrhundert wie der Villa Gernetto (Silvio Berlusconi), und kein normaler US-Amerikaner tritt als Namensgeber eines Museums auf, wie es nach einer Schenkung über 50 Millionen Dollar bei dem Perot Museum of Nature and Science in Dallas, Texas, der Fall war (Ross Perot). Unternehmer nutzen ihren Reichtum häufig, um beispielsweise durch Sportvereine Kontakt zum »Volk« aufzunehmen und eine Aura der Authentizität zu schaffen. Wie allgemein bekannt, kaufte Berlusconi den AC Mailand, einen der beliebtesten Fußballvereine Italiens und der Welt, und Thaksin besaß, zumindest eine Zeitlang, Manchester City. Populistische Unternehmer agieren in ihren jeweiligen Ländern gern als Präsidenten größerer Fußballklubs, etwa Moïse Katumbi in der Demokratischen Republik Kongo (TP Mazembe), Bernard Tapie in Frankreich (Olympique Marseille), Gigi Becali in Rumänien (Steaua Bukarest) und der verstorbene Jesús y Gil in Spanien (Atlético Madrid).

Ethnopopulismus

Das Verhältnis zwischen ethnischer Zugehörigkeit und Populismus ist viel komplexer, als es oft dargestellt wird. Dass beides besonders in Europa oft vermengt wird, hängt unmittelbar damit zusammen, dass hier die meisten rechtspopulistischen Parteien Autoritarismus, Nativismus und Populismus miteinander verbinden. In Lateinamerika bezeichnet der Begriff *etnopopulismo* eine besondere Art des Populismus, die vor allem die Mobilisierung indigener Volksgruppen betreibt. Zwar wollen beide Typen des Populismus mit Verweis auf die ethnische Zugehörigkeit Authentizität herstellen, doch das geschieht auf diametral entgegengesetzte Weise. Für die Rechtspopulisten in Europa gehört die Ethnie nicht zur populistischen Unterscheidung zwischen Volk und Elite, die beide derselben ethnischen Gruppe angehören, sondern vielmehr zur nativistischen Unterscheidung zwischen »Einheimischen« und »Fremden«, in der Letztere weder Volk noch Elite zugerechnet werden. Im Fall des lateinamerikanischen Ethnopopulismus dagegen wird die Nation als multikulturelle Einheit definiert, in der sich Volk und Elite moralisch *und* ethnisch unterscheiden.

Evo Morales und seine Partei MAS sind ein typisches Beispiel für den Ethnopopulismus. Morales ist der erste indigene Präsident Boliviens, eines Landes, in dem die indigene Bevölkerungsmehrheit systematisch diskriminiert wurde. Seine ethnische Zugehörigkeit führt er oft als Beweis dafür an, dass er mit der Elite nichts zu schaffen hat (Außenseiterstatus) und mit dem einfachen Volk auf einer Linie ist (Authentizität). Gern weist er darauf hin, dass er von Menschen abstammt, die Nord- und Südamerika seit 40.000 Jahren bewohnen, wohingegen die meisten Angehörigen der Elite jüngerer europäischer Herkunft sind. Auch Authentizität bezieht Morales häufig aus seiner ethnischen Zugehörigkeit, denn er gehört den Aymara an, einer der beiden größten indigenen Volksgruppen Boliviens. »Wir Indios sind der moralische Rückhalt Lateinamerikas«, lautet einer seiner berühmtesten Aussprüche. Doch anders als Populisten in Europa schließen Morales und die MAS keine Ethnie aus. Die Partei spricht nicht nur die Aymara und die Quechua an – die beiden größten indigenen Völker des Landes –, sondern auch Mestizen und Weiße. »Auf keinen Fall darf die indigene Bevölkerung ihrem Wesen nach rachsüchtig sein«, sagte Morales einmal. »Wir sind nicht hier, um jemanden zu unterdrücken, sondern um uns zusammenzuschließen und Bolivien aufzubauen, mit Gerechtigkeit und Gleichheit.«

Die populistische Führungsperson muss nicht einmal der ethnischen Mehrheit angehören. Wie schon erwähnt, stieg Alberto Fujimori zu einem der beliebtesten Politiker Perus auf, obwohl er der kleinen japanischen Minderheit im Lande entstammte. Da Peru eine ethnisch stark geschichtete Gesellschaft ist, in der die Elite überwiegend von Europäern abstammt, half die Zugehörigkeit zu einer ethnischen Minderheit Fujimori, eine Nähe zum einfachen Volk herzustellen. Als nichteuropäischer Peruaner wurde er der Kategorie der Ausgeschlossenen zugeordnet. Dass er darüber hinaus einer ethnischen Minderheit angehörte, stärkte sein Image als politischer Außenseiter einfacher Herkunft, der den Aufstieg nicht durch Beziehungen zum Establishment, sondern dank seiner persönlichen Begabungen geschafft hatte. Dieses Image wurde indirekt von seinem Hauptkonkurrenten Mario Vargas Llosa bekräftigt, einem bekannten Romancier, der weiß und europäischer Abstammung war.

Der Insider-Outsider

Häufig betonen Populisten ihre Stellung als politische Außenseiter, die mit dem politischen Establishment nichts gemein haben, indem sie sich als politische Newcomer positionieren. Damit distanzieren sie sich von den unbeliebten politischen Maßnahmen früherer Regierungen ebenso wie von den angeblich korrupten und inkompetenten Politikern im Allgemeinen. Auch stärken sie das Image vom Politiker wider Willen, der sich positiv von den Politprofis des Mainstream abhebt. In klarer Abgrenzung zur professionellen »politischen Klasse« – ein bei Populisten beliebter Begriff – behaupten sie, nicht aus persönlichem Ehrgeiz in die Politik gegangen zu sein, sondern aus Berufung, und zwar dem, dem Volk die Politik (zurück) zu bringen. Dabei gehören die meisten populistischen Führungsfiguren sehr wohl der nationalen Elite an. Häufig kommen sie aus derselben soziodemographischen Schicht wie die politische Elite, das heißt, sie sind hochgebildet, mittleren Alters und männlich, und sie gehören der (gehobenen) Mittelschicht sowie der ethnischen

Mehrheit an. Viele von ihnen sind schon seit Jahren in der Politik.

Der griechische Ministerpräsident Alexis Tsipras fing beispielsweise als Mitglied der Kommunistischen Jugend Griechenlands an; Collor de Mello hatte für verschiedene Parteien Wahlämter bekleidet, ehe er brasilianischer Präsident wurde. Auch Geert Wilders war ein durchaus einflussreicher Hinterbänkler, der für die konservative Volkspartei für Freiheit und Demokratie (VVD) die Außenpolitik verantwortet hatte, ehe er seine Ein-Mann-Partei PVV gründete. Einige Populisten hatten sogar Regierungsposten inne, bevor sie sich als populistische Außenseiter neu erfanden: Rafael Correa war Finanzminister in der Regierung Alfredo Palacios in Ecuador, Joseph Estrada Vizepräsident unter Präsident Fidel V. Ramos auf den Philippinen, und Roh Moo-hyun Minister für maritime Angelegenheiten und Fischerei im Kabinett des Präsidenten Kim Dae-jung in Südkorea.

Andere Populisten kamen durch familiäre Beziehungen in die Politik, und manche wuchsen sogar buchstäblich in einer populistischen Partei auf. So war es bei vielen, wenn auch nicht allen, bekannten weiblichen Führungsfiguren: Isabel Perón war die Witwe Juan Domingo Peróns, Marine Le Pen und Keiko Fujimori sind die Töchter Jean-Marie Le Pens und Alberto Fujimoris, (die vorübergehende FPÖ-Chefin) Ursula Haubner und Yingluck Shinawatra die Schwestern Jörg Haiders und Thaksin Shinawatras. Sie alle »erbten« ihre populistische Führungsposition. Natürlich ist ererbte Führung weder typisch für Populisten noch für Frauen. Auch viele Nichtpopulistinnen in Südasien »erbten« ihre Stellung vom Vater (zum Beispiel Benazir Bhutto) oder Ehemann (zum

Beispiel Sonia Gandhi). Doch das gilt auch für zahlreiche männliche Politiker im Westen (etwa den belgischen Premierminister Charles Michel oder den ehemaligen US-Präsidenten George W. Bush).

Im Populismus kann man vereinfacht drei Typen unterscheiden: Outsider, Insider-Outsider und Insider. Echte Außenseiter sind sehr selten. Sie pflegen keine maßgeblichen Beziehungen zur Elite – breit definiert, also auch zur Kultur- und Wirtschaftselite – und haben ihre Karriere ausschließlich außerhalb des politischen Mainstream aufgebaut. Zu diesen wenigen prominenten populistischen Außenseitern zählen Hugo Chávez und Alberto Fujimori. Chávez diente als Offizier mit relativ niedrigem Rang in der venezolanischen Armee und erlangte landesweit 1992 mit einem gescheiterten Putsch einige Bekanntheit. Fujimori hatte als Wissenschaftler und Universitätspräsident kein politisches Netzwerk im Rücken, als er zum ersten Mal zur Präsidentschaftswahl antrat. Echte Außenseiter sind in eher personengebundenen und unbeständigen politischen Systemen wie den Präsidialdemokratien Lateinamerikas vermutlich erfolgreicher als in stärker institutionalisierten und etablierten politischen Systemen wie den parteiendominierten parlamentarischen Demokratien Westeuropas.

Die meisten erfolgreichen Populisten sind in Wahrheit Insider-Outsider: Männer und Frauen, die nie der politischen Elite, also dem inneren Zirkel eines politischen Systems angehörten, die aber (enge) Beziehungen zu diesem System pflegen. FPÖ-Chef Jörg Haider war ein Protegé des langjährigen sozialdemokratischen Kanzlers Bruno Kreisky (1970–1983), und Sarah Palin wurde vom etablierten republikanischen

Senator John McCain auf die nationale Bühne der USA gehoben. Auch Berlusconi nutzte für den Aufbau seines Medienimperiums seine besondere Beziehung zu Bettino Craxi, Chef der Sozialistischen Partei Italiens (1976–1993) und Ministerpräsident (1983–1985). Im postkommunistischen Osteuropa hatten die meisten bekannten Populisten der 1990er-Jahre in enger Verbindung zum kommunistischen Regime gestanden, beispielsweise Corneliu Vadim Tudor, Chef der ultranationalistischen Partei Großrumänien (PRM), der »Hofdichter« des kommunistischen Diktators Nicolae Ceauşescu gewesen war, oder Wladimir Schirinowski, der schon in der Sowjetunion die erste offiziell zugelassene »Oppositionspartei« gegründet hatte. Ironischerweise unterscheiden sich die erfolgreichen Populisten durch diese Beziehungen zur (früheren) Elite häufig von den erfolglosen.

Schließlich gibt es noch eine kleine Gruppe von Insider-Populisten, also solchen, die aus dem Herzen der politischen Elite kommen. Einige hatten hochrangige Positionen in etablierten Parteien inne, ehe sie eine zweite Karriere als Populisten begannen. Das beste Beispiel ist ohne Zweifel Thaksin Shinawatra, der zweimal Vizepremierminister war, ehe er eine eigene populistische Partei gründete und Premierminister wurde.

In anderen Fällen wandeln sich die populistischen Führungspersonen nicht nur selbst, sondern modeln auch ihre Partei um. In der Schweiz machte Christoph Blocher aus der konservativen SVP die erfolgreichste populistische Rechtspartei Westeuropas, und Viktor Orbán in Ungarn richtete die ursprünglich libertäre Partei Fidesz erst konservativ, dann rechtspopulistisch aus.

Die Grenzen zwischen Insider- und Outsider-Status verwischen, wenn Populisten Wahlen gewinnen und lange an der Macht bleiben. In diesem Fall werden sie zwangsläufig Teil des politischen – und meist auch des wirtschaftlichen – Establishments. Dafür gibt es kein besseres Beispiel als den Chavismo in Venezuela. In 15 Jahren Regierung und »bolivarischer Revolution« wurde die Elite fast vollständig ausgetauscht, und eine neue herrschende Klasse stieg auf, die sogenannte *Boliburgesía*. Damit veränderte sich auch Chávez' Stellung, denn er entwickelte sich in den mehr als zehn Jahren an der Macht zwischen der Präsidentschaftswahl 1999 und seinem Tod 2013 vom echten Outsider zum wahren Insider.

So, wie die Grenzen zwischen Insider und Outsider manchmal verwischen, sind auch populistische und nichtpopulistische Politiker nicht immer leicht zu unterscheiden. Einige bekannte Mainstream-Politiker bedienen sich von Zeit zu Zeit populistischer Phrasen, so der frühere australische Premierminister Tony Abbott oder US-Präsident Ronald Reagan. Oft wird das mit Bezug auf den entsprechenden Politikertypus als »Insider-Populismus« bezeichnet. Doch weder diese Politiker noch ihre Parteien waren jemals wirklich populistisch, denn der Populismus gehörte nie zum Kern ihrer Ideologie. Sie *nutzten* populistische Phrasen lediglich, um sich von anderen Mainstream-Politikern abzusetzen und (möglichst) authentisch zu wirken. Nicht zufällig bedienen sich etablierte Politiker vor allem im Wahlkampf einer populistischen Sprache, die sie in der Regierungszeit weitgehend wieder ablegen.

Die Personalisierung ist heute in der Politik ein allgemeiner Trend, und der Populismus bildet da sicher keine Ausnahme. Die größten Erfolge des Populismus feierten, unabhängig von der Art der Mobilisierung, starke Führungsfiguren. Doch weder geht der Populismus mit einem spezifischen Führungstypus einher, noch definiert er sich darüber. Das Stereotyp des »starken Mannes« ist unter allen Populisten eine Minderheit, egal, welche Wirtsideologie der populistische Akteur gewählt hat. Darüber hinaus hängt der Erfolg populistischer Führungsfiguren nicht so sehr von einer universellen Liste spezifischer Persönlichkeitsmerkmale ab, als vielmehr von dem sorgsam konstruierten Bild der Voxpopuli, in dem sich Außenseiterstatus und Authentizität verbinden.

Wie attraktiv ein solches spezifisches Bild von Volkes Stimme ist, hängt von der politischen Kultur der Gesellschaft ab, in der sich eine populistische Figur betätigt. So spricht beispielsweise der stereotype starke Mann Menschen in Gesellschaften mit einer eher traditionellen Macho-Kultur an, wohingegen in kapitalistischen und materialistischen Gesellschaften der Unternehmer-Populist besser ankommt. Eine besonders interessante Wirkung hat die politische Kultur auf weibliche Führungsfiguren des Populismus. In allen Gesellschaften spielt das Geschlecht eine Rolle, wenn auch nicht immer dieselbe. Weibliche Populisten können in emanzipierten wie auch in traditionellen Gesellschaften erfolgreich sein, müssen allerdings jeweils unterschiedlich agieren. Traditionelle Kulturen bevorzugen weibliche (und männliche) Populisten, die ihre Position geerbt haben, während emanzipierte Gesellschaften (auch) offen sind für Selfmadefrauen.

Wie das Bild der Voxpopuli konstruiert wird, hängt auch von der Wirtsideologie der populistischen Führungsfigur ab. So ist es zum Beispiel viel einfacher, ein Unternehmer-Image mit neoliberalem Populismus zu verbinden als mit einer sozialistischen Variante, und Angehörige ethnischer Minderheiten übernehmen leichter die Führung ethnopopulistischer als radikal rechtspopulistischer Bewegungen. Weibliche Populisten geben sich in rechtspopulistischen Parteien mutmaßlich ein traditionelleres Image als in linkspopulistischen. All dessen ungeachtet konstruieren die meisten Populisten das Image des politischen Außenseiters mit besonderer Sorgfalt, wenn sie eine langjährige und enge Beziehung zu den Eliten, die sie nun so erbittert angreifen, verbergen wollen. Um noch einmal Paul Taggarts Beobachtung aufzugreifen, kann man Populismus somit betrachten als *Politik für gewöhnliche Menschen, betrieben durch außergewöhnliche Führungspersonen, die ein gewöhnliches Profil konstruieren.*

KAPITEL 5

POPULISMUS UND DEMOKRATIE

Das Verhältnis zwischen Populismus und Demokratie ist seit jeher Gegenstand intensiver Debatten. Zwar sind wir von einem Konsens noch weit entfernt, doch wird Populismus nach konventioneller Auffassung als Gefahr für die Demokratie von innen betrachtet. Der vermutlich berühmteste Vertreter dieser Position ist der französische Intellektuelle Pierre Rosanvallon, in dessen Augen Populismus »eine Pervertierung demokratischer Ideale und Prozeduren« ist. Doch immer wieder werden auch Gegenstimmen laut, die zum Teil im Populismus gar die einzig wahre Form der Demokratie sehen. Unter diesen Fürsprechern ist Laclau, dem zufolge Populismus eine »Demokratisierung der Demokratie« betreibt, indem er es erlaubt, die Forderungen ausgeschlossener Bevölkerungsgruppen zu sammeln.

Beide Interpretationen haben ihre Berechtigung. Abhängig vom Wahlerfolg und vom Kontext, in dem Populismus entsteht, kann er *entweder* als Bedrohung *oder* als Korrektiv für die Demokratie wirken. Er ist somit per se weder gut noch schlecht für das demokratische System. Wie andere Ideologien, etwa Liberalismus, Nationalismus oder Sozialismus, kann sich auch der Populismus positiv oder negativ auf die Demokratie auswirken. Um diese komplexe Beziehung besser zu verstehen, stellen wir zunächst eine klare Demokratie-Definition voran, die hilft zu klären, inwiefern Demokratie positiv oder negativ von populistischen Kräften beeinflusst werden kann. Es folgt unser theoretisches Deutungsraster für die Auswirkungen des Populismus auf unterschiedliche politische Regierungsformen. Anhand dieses Rasters können wir die wichtigsten Effekte auf die verschiedenen Stadien im *Prozess* von Demokratisierung und Entdemokratisierung unterscheiden.

Populismus und (liberale) Demokratie

Genau wie der Begriff des Populismus ist auch der der Demokratie in Wissenschaft und Öffentlichkeit hoch umstritten. Die Debatten kreisen nicht nur um die richtige Definition, sondern auch um die Unterteilung in verschiedene Typen der Demokratie. Wir wollen uns hier zwar nicht zu tief in diese Debatte hineinbegeben, müssen jedoch den Demokratiebegriff klären, ehe wir auf die komplexe Beziehung zum Populismus eingehen können.

Demokratie (*ohne* Adjektive) wird am besten als Kombination aus Volksherrschaft und Mehrheitsprinzip definiert, nicht mehr, nicht weniger. Sie kann somit direkt oder indirekt, liberal oder illiberal sein. Schon die Etymologie des Begriffs Demokratie vermittelt die Vorstellung einer Selbstregierung des Volkes, eines politischen Systems also, in dem das Volk herrscht. Nicht zufällig beschreiben die meisten »Minimal«-Definitionen Demokratie in erster Linie als *Methode,* durch die in Wahlen mit mehreren Kandidaten die Herrschenden ermittelt werden. Freie und faire Wahlen sind somit ein entscheidendes Kriterium der Demokratie. Statt die Herrschenden im Rahmen gewalttätiger Konflikte auszutauschen, sind sich die Menschen im Volk einig, dass diejenigen, die sie regieren, durch das Mehrheitsprinzip gewählt werden sollten.

Wenn von *Demokratie* die Rede ist, ist jedoch meistens nicht Demokratie per se, sondern die *liberale* Demokratie gemeint. Der Hauptunterschied zwischen Demokratie (ohne Adjektive) und liberaler Demokratie liegt darin, dass mit Letzterer ein politisches Herrschaftssystem gemeint ist, in dem nicht nur Volkssouveränität und Mehrheitsprinzip geachtet, sondern auch unabhängige Institutionen geschaffen werden, die auf die Wahrung der Grundrechte spezialisiert sind, etwa Meinungsfreiheit und Minderheitenschutz. Für den Schutz von Grundrechten gibt es nicht die eine, für alle passende Methode, und daher haben sich in liberaldemokratischen Regierungssystemen sehr unterschiedliche Institutionen entwickelt. Einige Länder besitzen eine starke schriftliche Verfassung und ein Oberstes Gericht (zum Beispiel die Vereinigten Staaten), andere haben keins von beidem (zum Beispiel Großbritannien). Ungeachtet dieser Unterschiede zeichnen sich *alle* liberalen Demokratien durch Institutionen aus, die durch den Schutz der Grundrechte eine »Tyrannei der Mehrheit« verhindern sollen.

Diese Interpretation kommt der des verstorbenen US-amerikanischen Politikwissenschaftlers Robert Dahl nahe, dem zufolge liberal-demokratische Regierungsformen zwei getrennte und voneinander unabhängige Dimensionen aufweisen: offenen Wettbewerb und politische Partizipation. Mit der ersten Dimension ist die Möglichkeit gemeint, eigene Präferenzen frei zu formulieren und gegen die Regierung Opposition zu machen, mit der zweiten das Recht, am politischen System teilzuhaben. Damit beide Dimensionen möglichst gut funktionieren, so Dahl, braucht es belastende sogenannte institutionelle Garantien, darunter Meinungsfreiheit, Wahlrecht, Wählbarkeit für ein öffentliches Amt und Informationsvielfalt.

Auf Grundlage dieser klaren Definitionen von Demokratie und liberaler Demokratie können wir über die Auswirkungen des Populismus auf diese Systeme nachdenken. Populismus ist, kurz gesagt, grundsätzlich demokratisch, steht aber im Widerspruch zur *liberalen* Demokratie, die als Modell heute weltweit vorherrscht. Dem Populismus zufolge sollte der »Wille des (anständigen) Volkes« durch nichts eingeschränkt werden, und er lehnt den Gedanken des Pluralismus und damit auch der Minderheitenrechte ebenso ab wie die »institutionellen Garantien«, die diese schützen sollen.

In der Praxis übt der Populismus mit dem Verweis auf das Prinzip der Volkssouveränität oft Kritik an diesen unabhängigen Institutionen zum Schutz der Grundrechte, die zum liberalen Demokratiemodell ja fest dazugehören. Die Institutionen, die besonders häufig angegriffen werden, sind Justiz und Medien. So beschuldigte Berlusconi, der seit Jahrzehnten immer wieder vor Gericht steht, die Richter, kommunistische Interessen zu vertreten (daher die Bezeichnung »rote Roben«). »Die Regierung wird sich weiter darum bemühen und das Parlament wird die notwendigen Reformen beschließen, dass ein Richter künftig nicht illegitim jemanden zerstören kann, der von den Bürgern gewählt wurde«, so Berlusconi in populistischer Manier. Wie erwartet, verändern Populisten, wenn sie erst an der Macht sind, häufig die Medienlandschaft, indem sie staatliche Medien in ein Sprachrohr der Regierung verwandeln und die verbliebenen unabhängigen Medien schikanieren und schließen. Das war in jüngerer Zeit beispielsweise in Ecuador, Ungarn und Venezuela der Fall.

Der Populismus bedient sich der Spannungen in liberalen Demokratien, die ein harmonisches Gleichgewicht zwischen Mehrheitsprinzip und Minderheitenrechten herzustellen versuchen. Dieses Gleichgewicht ist in der Realität geradezu unerreichbar, da beide einander in wichtigen Fragen widersprechen (man denke an Antidiskriminierungsgesetze). Populisten prangern Verstöße gegen das Mehrheitsprinzip als Verletzungen des demokratischen Grundkonzepts an und verweisen darauf, dass die ultimative politische Autorität beim »Volk« liege und nicht bei ungewählten Gremien. Im Grunde wirft der Populismus die Frage auf, wer eigentlich die Kontrollinstanzen kontrolliert. Da der Populismus jeder nicht-gewählten Institution misstraut, die die Macht des *demos* einschränkt, kann er sich zu einer Form des demokratischen Extremismus entwickeln, oder, besser gesagt, zu einer illiberalen Demokratie.

In der Theorie wirkt sich der Populismus in Hinblick auf offenen Wettbewerb eher negativ auf die Demokratie aus, in Hinblick auf politische Partizipation dagegen eher positiv. Einerseits schränkt er den Wettbewerb gern ein, weil er Akteuren, die er als bösartig einstuft, Zugang weder zu Wahlen noch zu den Medien gestatten will. Zwar geht es zu weit, den Populismus als »paranoiden Politikstil« zu bezeichnen, doch populistische Kräfte neigen zu einer höchst aufgeladenen

Sprache und Verschwörungstheorien. So bezeichneten Syriza-Politiker in Griechenland ihre Gegner im Inland gern als »fünfte Kolonne« Deutschlands, einer ihrer (mittlerweile ehemaligen) Minister warf der EU »Terrorismus« vor. In den USA, wo sich ein Teil der Bürgerschaft für Verschwörungstheorien aller Art begeistert, sind viele Rechtspopulisten überzeugt, dass die Eliten in der Demokratischen und der Republikanischen Partei eine »neue Weltregierung« errichten wollen, die die Vereinigten Staaten unter UN-Kontrolle stellen würde.

Andererseits stärkt der Populismus tendenziell die politische Partizipation, weil er soziale Gruppen mobilisiert, die ihre Belange vom politischen Establishment nicht ausreichend berücksichtigt sehen. Nach der Kernüberzeugung, dass das Volk der Souverän ist, sollte das *gesamte* Volk und *nur* das Volk die Politik bestimmen. Man beachte aber, dass spezifische Formen des Populismus, etwa der radikale Rechtspopulismus in Europa, die politische Partizipation einzuschränken versucht, indem er bestimmte Minderheitengruppen ausschließt. Diese Gruppen werden allerdings nicht vom *anständigen* Volk, sondern vom *einheimischen* Volk ausgeschlossen, das heißt, an der Wurzel dieser Ausgrenzung liegt nicht der Populismus, sondern der Nativismus.

Der Populismus kann somit für die liberale Demokratie eine positive wie auch negative Rolle spielen. Da er Wählerschichten eine Stimme gibt, die sich von der Elite nicht repräsentiert fühlen, wirkt er als demokratisches Korrektiv. Oft geschieht das, indem Populisten Themen politisieren, die von den Eliten nicht diskutiert werden, für die »schwei-

Positive Effekte	*Negative Effekte*
Populismus kann Gruppen eine Stimme geben, die sich von der politischen Elite nicht repräsentiert fühlen.	Populismus kann Prinzip und Praxis der Mehrheitsregel dazu nutzen, Minderheitenrechte zu unterlaufen.
Populismus kann ausgeschlossene gesellschaftliche Gruppen mobilisieren und ihre Integration in das politische System verbessern.	Populismus kann Prinzip und Praxis der Volkssouveränität nutzen, um Institutionen, die sich auf den Schutz der Grundrechte spezialisiert haben, zu untergraben.
Populismus kann die Responsivität des politischen Systems verbessern, indem er politische Maßnahmen unterstützt, die von ausgeschlossenen gesellschaftlichen Gruppen gefordert werden.	Populismus kann eine neue politische Spaltung herbeiführen, die die Bildung stabiler politischer Koalitionen behindert.
Populismus kann die Verantwortlichkeit der Politiker (*accountability*) in der Demokratie verbessern, indem er neue Themen und Maßnahmen in die Politik einbringt.	Populismus kann eine Moralisierung der Politik nach sich ziehen, die Einigungen extrem erschwert, wenn nicht gar unmöglich macht.

Tabelle 1: Positive und negative Wirkungen des Populismus auf die liberale Demokratie.

gende Mehrheit« jedoch von Belang sind. Ohne die rechtspopulistischen Parteien in Europa wäre in den 1990er-Jahren die Einwanderung für die etablierten politischen Parteien vermutlich nie zu einem wichtigen Thema geworden. Dasselbe gilt für die wirtschaftliche und politische Integration ausgegrenzter Bevölkerungsgruppen im heutigen Lateinamerika. Dass sich das im vergangenen Jahrzehnt zu einer der drängendsten Fragen überhaupt entwickelte, ist vor allem dem Aufstieg linkspopulistischer Präsidenten wie Chávez in Venezuela und Morales in Bolivien zu verdanken, die die dramatische Ungleichheit in ihren Ländern erfolgreich politisierten.

Doch der Populismus kann sich auch negativ auf die liberale Demokratie auswirken. Mit der Behauptung, keine Institution habe das Recht, das Mehrheitsprinzip einzuschränken, können populistische Kräfte zum Beispiel Minderheiten bedrängen und Institutionen, die sich auf den Schutz von Grundrechten spezialisiert haben, unterminieren. Hier liegt die Hauptgefahr radikal rechtspopulistischer Parteien für die liberale Demokratie Europas. Wenn populistische Kräfte eine Ethnokratie anstreben, ein Demokratiemodell, in dem der Staat einer einzelnen ethnischen Gruppe gehört, geraten die Rechte ethnischer und religiöser Minderheiten wie der Muslime in Westeuropa und der Roma in Osteuropa in Gefahr.

Ähnliches geschieht im heutigen Lateinamerika, wo linkspopulistische Kräfte neue Verfassungen entwickelt haben und so der Opposition den ernsthaften Wettbewerb mit der Regierung um die politische Macht erschweren. Ein Beispiel ist Ecuador, wo Präsident Correa eine Verfassungsreform dazu nutzte, loyalen Anhängern Posten in wichtigen staatlichen Institutionen wie dem Wahlkomitee und der Justiz zu verschaffen und außerdem die Wahlkreise und Wahlregularien so zu reformieren, dass sie seine eigene Partei begünstig- ten. Fast dieselbe Entwicklung hat es kürzlich in Ungarn gegeben.

Abb. 8: Nach dem Tod des Populisten Hugo Chávez, 1999-2013 Präsident von Venezuela, ließ die bolivarische Regierung Venezuelas diese Briefmarke drucken. Chávez trägt die Präsidentenschärpe, und hinter ihm haben sich seine Anhänger versammelt.

Populismus und (Ent-) Demokratisierung

Während die Rolle populistischer Kräfte in etablierten liberalen Demokratien lebhaft diskutiert wird, erhalten die Auswirkungen des Populismus auf andere Regierungsformen und der mögliche Übergang zu mehr oder weniger Demokratie weniger Beachtung. Wie wirkt sich der Populismus auf ein (kompetitiv) autoritäres Regime aus, wie auf Veränderungen hin zu mehr Demokratie? Das ist bislang ein blinder Fleck, den es zu erhellen gilt.

Demokratie ist nie vollkommen und kann jederzeit eine Verschlechterung oder Verbesserung durchlaufen. Wir müssen daher nicht nur *Regierungsformen* der (liberalen) Demokratie berücksichtigen, sondern auch *Prozesse* von Demokratisierung (und Entdemokratisierung). So etwas wie eine »paradigmatische« Demokratisierung gibt es zwar nicht, doch kann man verschiedene Episoden ausmachen, die in die Richtung einer Demokratisierung oder Entdemokratisierung gehen. Jedes dieser Stadien bezieht sich auf den Übergang von einer politischen Regierungsform zur anderen, und unserer Ansicht nach wirkt sich der Populismus in jedem Stadium jeweils anders aus. Beginnen wir mit den vier in der Welt von heute verbreitetsten politischen Systemen.

Im autoritären und demokratischen Lager können wir jeweils zwei Regierungsformen unterscheiden: vollständigen und kompetitiven Autoritarismus auf der einen Seite und Wahldemokratie und liberale Demokratie auf der anderen. Der vollständige Autoritarismus lässt keinen Raum für politische Opposition, und es herrscht systematische Unterdrückung. Dagegen lässt der kompetitive Autoritarismus einen eingeschränkten Wettbewerb zwischen Amtsinhabern und Opposition zu, wenngleich unter unfairen Bedingungen. Kompetitive autoritäre Regierungen dulden eine Opposition und halten Wahlen ab, die jedoch systematisch zugunsten des Amtsinhabers manipuliert werden.

Eine Wahldemokratie zeichnet sich durch die regelmäßige Durchführung von Wahlen aus, in denen die Opposition potenziell gewinnen kann. Dennoch hat die Wahldemokratie mehrere institutionelle Defizite, die der Rechtsstaatlichkeit entgegenstehen und die unabhängigen Institutionen zum Schutz der Grundrechte entsprechend schwächen. Zwar sind auch liberale Demokratien nicht perfekt und weisen oft eine mangelhafte Verantwortlichkeit der Politiker auf (*accountability*), doch im Vergleich zu Wahldemokratien haben die Regierten hier mehr Möglichkeiten, die Verant-

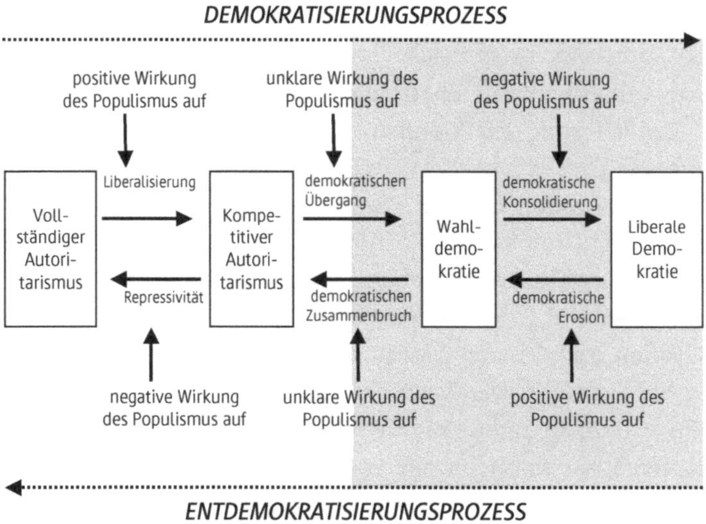

Abb. 9: Der Populismus kann sich auf unterschiedliche Regierungsformen positiv oder negativ auswirken. Populistische Kräfte lösen bisweilen Phasen institutionellen Wandels aus, die eine Demokratisierung oder auch eine Entdemokratisierung nach sich ziehen können.

wortlichen zur Rechenschaft zu ziehen, sei es durch einen freien öffentlichen Raum oder die unabhängige Kontrolle durch die Justiz.

Man darf nicht vergessen, dass jede dieser vier Regierungsformen ihre eigene politische Dynamik aufweist, doch haben sie sich erst etabliert, sind sie meist relativ stabil. Sie befinden sich daher nicht *unbedingt* im Übergang zu (mehr) Autoritarismus oder (mehr) Demokratie. Dennoch kann der Aufstieg populistischer Kräfte Veränderungen in jedem dieser Systeme auslösen. Wir stellen die besondere Wirkung, die der Populismus auf die jeweiligen Übergangsepisoden hat, zunächst theoretisch dar und illustrieren sie dann anhand eines konkreten Beispiels.

Die Wirkung des Populismus auf den Demokratisierungsprozess lässt sich in drei Episoden aufteilen: Liberalisierung, demokratischen Übergang und demokratische Konsolidierung. Im ersten Stadium der Liberalisierung, wenn ein autoritäres Regime Restriktionen lockert und die Rechte für Individuen und Gruppen ausweitet, wirkt der Populismus im Großen und Ganzen positiv in Richtung Demokratie. Weil er Forderungen nach Volkssouveränität und Mehrheitsprinzip artikuliert und damit die bestehenden Formen der staatlichen Repression infrage stellt, trägt der Populismus zur Entwicklung eines leitenden Deutungsrasters (*master frame*) bei, mit dessen Hilfe die Oppositionsführung (alle) Gegner des Regimes mobilisieren kann. Ein gutes Beispiel bietet der Populismus in einigen großen Oppositionsbewegungen im kommunistischen Osteuropa, insbesondere in der Gewerkschaft Solidarność in Polen.

Solidarność war eine breite antikommunistische Organisation, eine lose Koalition von Kräften, die sich über die Probleme des herrschenden Kommunismus einig waren, nicht jedoch über die jeweils gewünschte postkommunistische Zukunft. Während Solidarność an sich keine populistische Bewegung war, fühlten sich einige Führungsfiguren und Wählergruppen dem Populismus verbunden, was sich besonders in den Massendemonstrationen unter Führung der Kultfigur Lech Wałesa ausdrückte. Solidarność repräsentierte im Grunde »das Volk« gegen »die Elite« der Polnischen Vereinigten Arbeiterpartei (PZPR), und zwar sowohl ethnisch (nationalistisch), als auch moralisch (populistisch). Es ist kein Zufall, dass (führende) Mitglieder der Solidarność-Bewegung in der postkommunistischen Ära verschiedene populistische Parteien gründeten, deren bedeutendste die rechtspopulistische Partei Recht und Gerechtigkeit (PiS) der Zwillingsbrüder Lech und Jarosław Kaczyński war.

Im Stadium des *demokratischen Übergangs*, also im Übergang von einem kompetitiven (oder auch vollständigen) autoritären System hin zu einer Wahldemokratie, spielt der Populismus eine unklare, aber noch relativ konstruktive Rolle, weil er die Vorstellung befördert, dass das Volk die Regierenden wählen sollte. Da populistische Kräfte fordern, die Volkssouveränität in jedem Fall zu respektieren, greifen sie die regierenden Eliten an und drängen auf einen Wandel, der den Zugang zur politischen Macht öffnet. Das heißt, sie setzen sich für die Durchführung freier und fairer Wahlen ein. Ein interessantes Beispiel ist Cuauhtémoc Cárdenas in Mexiko und die Gründung des Partido de la Revolución Democrática (Partei der Demokratischen Revolution, PRD) Ende der 1980er-Jahre.

Die PRD spaltete sich von der Partido Revolucionario Institucional (Partei der institutionellen Revolution, PRI) ab, die – unter verschiedenen Namen – seit 1929 an der Macht gewesen war und ungeachtet ihrer demokratischen Fassade in einem kompetitiv autoritären System regierte. Als Cárdenas und andere merkten, dass sie die neoliberale Wirtschaftspolitik der PRI von innen nicht verändern konnten, entschieden sie sich für die Gründung eines neuen politischen Vehikels, mit dem sie nicht nur den Neoliberalismus bekämpfen, sondern auch die Durchführung freier und fairer Wahlen fordern konnten. Von Anfang an bediente sich die PRD einer populistischen Sprache und stellte ihren Parteichef – zunächst Cárdenas, später Andrés Manuel López Obrador (AMLO) – als »bescheidenen Mann des Volkes« dar, der eine echte Demokratie für alle Mexikaner schaffen wolle. Die PRD konnte zwar das Präsidentenamt nicht erobern, bereitete jedoch den Weg für historische Vereinbarungen, die im Jahr 2000 die »Gründungswahlen« ermöglichten; es gewann die konservative Partido Acción Nacional (PAN).

Im Stadium der *demokratischen Konsolidierung* schließlich werden die Reformen zur Verbesserung der Institutionen zum Schutz der Grundrechte und die Entwicklung einer voll ausgebildeten liberalen Regierungsform abgeschlossen. Theoretisch stehen Populisten im Widerspruch zu dieser Konsolidierung, da ihre Interpretation der Demokratie auf einem uneingeschränkten Volkswillen und der Ablehnung nicht-gewählter Institutionen gründet. Letztere werden vom Populismus oft als illegitim dargestellt, weil sie nicht die »wahren« Interessen des Volkes verteidigten, sondern »Spezialinteressen« mächtiger Minderheiten.

Der dreimalige slowakische Ministerpräsident Vladimír Mečiar ist ein hervorragendes Beispiel für eine populistische Opposition gegen eine demokratische Konsolidierung, besonders in seiner dritten und letzten Koalitionsregierung (1994–1998), der drei populistische Parteien angehörten. Als Mečiar 1994 an die Macht kam, gehörte die Slowakei einer Gruppe von Ländern im postkommunistischen Mittel- und Osteuropa an, die bevorzugt für die Aufnahme in die Europäische Union gehandelt wurden. Im Zuge der illiberalen Regierungspolitik, die sich durch eine Missachtung von

Gesetzen ebenso auszeichnete wie durch Versuche, Gesetze zu ändern – so wollte man Wahlkreise neu ordnen, um Oppositionsparteien zu benachteiligen –, kehrte das Land langsam, aber stetig in die Kategorie demokratischer Nachzügler zurück. Die EU drohte sogar, die Slowakei von der ersten Runde der EU-Erweiterung auszuschließen.

Die letzten Jahrzehnte rufen uns in Erinnerung, dass Demokratie nicht nur konsolidiert, sondern auch verwässert, ja abgeschafft werden kann. Auch der Populismus kann in diesem Prozess der Entdemokratisierung eine wichtige Rolle spielen. Die Entdemokratisierung lässt sich ebenfalls in drei Episoden einteilen: demokratische Erosion, demokratischer Zusammenbruch und Repressivität. Im Stadium der *demokratischen Erosion* wird die Autonomie der Institutionen, die sich auf den Schutz von Grundrechten spezialisiert haben, Schritt für Schritt ausgehöhlt; so wird etwa die Unabhängigkeit der Justiz beschnitten, das Rechtsstaatsprinzip aufgegeben, Minderheitenrechte werden eingeschränkt. Populisten und ihre Anhänger können eine demokratische Erosion auslösen, weil sie ein extremes Mehrheitsmodell der Demokratie unterstützen und alle Gruppen oder Institutionen ablehnen, die dem »gemeinen Volkswillen« und seiner Umsetzung im Weg stehen. Wie der Populismus eine demokratische Erosion in Gang setzen kann, lässt sich wohl kaum besser illustrieren als am Beispiel des heutigen Ungarn.

Nachdem Viktor Orbán 2002 die Parlamentswahl verloren hatte – eine Niederlage, die er nur widerwillig einräumte –, betrieben er und seine rechtspopulistische Fidesz radikale Oppositionsarbeit, die auch gewalttätige Demonstrationen einschloss. Bei seiner Rückkehr an die Macht im Jahr 2010 setzte er mit der Mehrheit seiner Partei eine neue Verfassung durch. Dadurch, so die Beobachtung einiger Politikwissenschaftler, »wird die derzeitige Regierung kaum noch kontrolliert, die Regierungspartei kann nun aber dank der neuen konstitutionellen Ordnung ihre Getreuen dauerhaft in wichtige Positionen bringen, die ihnen ein Veto-Recht auch über Entscheidungen künftiger Regierungen geben«. Zwar haben sich ausländische Regierungen und internationale Organisationen mit allzu harscher Kritik an der Regierung Orbán zurückgehalten, doch sowohl die Europäische Union als auch die Vereinigten Staaten – zumindest als Obama an der Macht war – äußerten zunehmend Bedenken zum »harten Vorgehen« gegen die Demokratie in Ungarn.

Das zweite Stadium im Prozess der Entdemokratisierung ist der *demokratische Zusammenbruch*, der den Regimewechsel von der Wahldemokratie zum kompetitiven (oder im Extremfall vollständigen) Autoritarismus markiert. Populistische Kräfte haben für den Zusammenbruch der Demokratie eine unklare, häufig aber unterstützende Funktion, weil sie die Regeln gern zugunsten populistischer Kräfte beeinflussen und/oder »der korrupten Elite« vorwerfen, dass der Volkswille nicht zum Ausdruck komme. Die Regierung Fujimori in Peru ist dafür ein gutes Beispiel.

Fujimori kam 1990 als populistischer Außenseiter an die Macht, nachdem er sich im Wahlkampf gegen das politische Establishment und für eine schrittweise Lösung der Wirtschaftskrise im Lande engagiert hatte. Da Fujimori weder eine starke Partei im Rücken hatte noch Bündnisse mit vorhandenen Parteien schließen wollte, erlebte das Land eine Blockade zwischen Exekutive und Legislative. Um diese

Blockade zu lösen, setzte Fujimori 1992 die Verfassung außer Kraft und löste das Parlament auf, mit dem Argument, er setze lediglich den »Volkswillen« um. Nach diesem *autogolpe* (Selbstputsch) regierte Fujimori Peru weitere acht Jahre, in denen das System einem kompetitiven Autoritarismus näher war als einer Wahldemokratie. Über ein Bündnis mit Teilen des Militärs – insbesondere dem Geheimdienst und dessen Direktor Vladimiro Montesinos – versuchte Fujimori nicht nur die Guerillabewegung Leuchtender Pfad zu zerschlagen, sondern auch, die Regeln zum Nachteil der Opposition zu verändern.

Das letzte Stadium der Entdemokratisierung schließlich ist die *Repressivität*, die aus einer kompetitiven eine vollständig autoritäre Regierungsform macht. Dieser Prozess vollzieht sich schrittweise und meist in Krisenzeiten. Da der Populismus Volkssouveränität und Mehrheitsprinzip vertritt, dürften Populisten die zunehmende Repressivität eher ablehnen. Es gibt kaum jüngere Fälle, in denen eine populistische Kraft eine relevante Rolle gespielt hätte.

Eine der wenigen Ausnahmen ist wohl der weißrussische Präsident Alexandr Lukaschenko, der – obwohl er Gelegenheit dazu hatte und die Opposition stärker wurde – sein kompetitives autoritäres Regime nicht in ein vollständig autoritäres umgewandelt hat. Dass Lukaschenko am kompetitiven Autoritarismus festhält, der auf der (zunehmend betrügerisch erlangten) Unterstützung durch die Wählerschaft beruht, statt die vollständig autoritäre »Klanpolitik« anderer postsowjetischer Staaten zu betreiben, liegt an seiner populistischen Ideologie. Er rechtfertigt seine (kompetitiv autoritäre) Herrschaft, indem er die Opposition in populistischer

Manier als »korrupte Elite« darstellt, die mit ausländischen (also westlichen) Mächten kooperiere. Damit Lukaschenko auch weiter behaupten kann, dass er der legitime und wahre Repräsentant des »anständigen weißrussischen Volkes« sei, muss er den offenen Wettbewerb mit seinen Gegnern zulassen, auch wenn das in Wahlen geschieht, die keinen echten Wettbewerb zulassen.

Zusätzliche Faktoren

Das vorgestellte theoretische Raster unterscheidet in erster Linie zwischen den Wirkungen des Populismus in den sechs Stadien von Demokratisierung und Entdemokratisierung. Doch Art und Intensität der Wirkung können sich in jedem Stadium unterscheiden, abhängig von mindestens drei zusätzlichen Faktoren: der politischen Macht populistischer Kräfte, dem Typ des politischen Systems, in dem sich populistische Akteure betätigen, und dem internationalen Kontext.

Der wichtigste Faktor ist die politische Macht der populistischen Kräfte. Ob sie in der Opposition oder an der Regierung sind, beeinflusst nicht nur ihre Stärke, sondern auch ihre Wirkung auf die Demokratisierung. Aus der Opposition fordern Populisten meist mehr Transparenz und mehr Demokratie (etwa in Form von Gründungswahlen, Volksabstimmungen, einer Abwahl), um den behaupteten Würgegriff der Elite zu lockern, sei es in einem (kompetitiv) autoritären oder einem (wahl-) demokratischen Kontext.

Regierende Populisten haben eine deutlich kompliziertere Beziehung zur Umsetzung direkter Demokratie und zu den Regeln des offenen Wettbewerbs um Ämter als die in der

Opposition. Zwar verteidigen Populisten das Mehrheitsprinzip, doch nur wenige nutzen mehr oder weniger durchgängig plebiszitäre Instrumente. Hugo Chávez führte mehrere Volksabstimmungen durch, darunter eines, mit dem er (erfolgreich) die Amtszeitbeschränkung für den Präsidenten abschaffte, sodass er ein zweites Mal zur Wiederwahl antreten konnte, und eines, mit dem er (erfolglos) eine Verfassungsänderung herbeiführen wollte. Populistische Politiker nutzen ihre politische Macht auch hin und wieder dazu, die Wahlregularien zu ihren Gunsten zu ändern, wie es Correa und Orbán mit ihren Verfassungsreformen erreicht haben.

Ein zweiter wichtiger Faktor ist der *Typus* des politischen Systems. Wie alle politischen Akteure sind auch Populisten, wenn sie in einer Demokratie die Macht übernommen haben, Beschränkungen durch spezifische Eigenheiten des politischen Systems unterworfen, in dem sie sich betätigen. Populistische »Außenseiter« gelangen in Präsidialsystemen zwar leichter an die Macht, doch fehlt ihnen auf anderen Ebenen oft der Rückhalt für die Umsetzung ihrer Agenda, zumal, wenn sie keine starke Parteiorganisation im Rücken haben. Parlamentarische Systeme dagegen beschränken die Macht herrschender Populisten, weil häufig Koalitionsregierungen gebildet werden müssen, in denen populistische Parteien mit meist stärkeren nichtpopulistischen Parteien zusammenarbeiten müssen wie etwa im Fall der FPÖ in Österreich. Wenn jedoch ein populistischer Akteur oder eine Koalition aus Populisten eine parlamentarische Mehrheit erlangt, gibt es weniger Widerstand; besonders eindrucksvoll illustriert das Ungarn, wo Orbán lange Zeit auf eine qualifizierte parlamentarische Mehrheit zählen und so die Verfassung ändern konnte, ohne dass die Opposition etwas hätte ausrichten können.

In diesem Lichte betrachtet, stellt die Machtübernahme Donald Trumps die liberale Demokratie in den USA vor eine echte Herausforderung, da beide Häuser im Kongress von der Republikanischen Partei dominiert werden und Trump deshalb ungehindert viele der eher umstrittenen Reformen umsetzen könnte, die er im Präsidentschaftswahlkampf 2016 versprach.

Schließlich spielt auch der internationale Kontext eine Rolle. Wenn ein Land in ein starkes Gefüge liberaler Demokratien eingebunden ist, etwa in die Europäische Union, ist es für populistische Kräfte schwieriger – aber nicht unmöglich, vergleiche wiederum Ungarn unter Orbán –, die zentralen Bestandteile einer liberalen Demokratie auszuhöhlen, ohne dass es internationale Gegenwehr gäbe. Nicht zufällig folgten der Machtübernahme linkspopulistischer Regierungen in verschiedenen lateinamerikanischen Ländern in jüngerer Zeit Bemühungen, neue regionale Institutionen wie die Union südamerikanischer Nationen (UNASUR) zu schaffen, die das linke Demokratiemodell stärken sollten. UNASUR hat sogar ein eigenes System für die Wahlbeobachtung entwickelt, das mit dem der Organisation Amerikanischer Staaten (OAS) konkurriert, der wichtigsten Organisation nord- und südamerikanischer Staaten, in der auch Kanada und die USA Mitglied sind.

Ein erneuter Blick auf Populismus und Demokratie

In Theorie und Praxis wird deutlich, wie komplex sich die Beziehung zwischen Populismus und Demokratie gestaltet.

Der Populismus widerspricht der Demokratie nicht grundsätzlich, sondern steht im Widerspruch zur *liberalen* Demokratie. Sein Ideengefüge befördert ein extremes Mehrheitsprinzip und eine Form der illiberalen Demokratie. Populisten setzten sich vehement für Volkssouveränität und Mehrheitsprinzip ein, lehnen aber Minderheitenrechte und Pluralismus ab. Die Beziehung zur liberalen Demokratie ist indes durchaus nicht einseitig. Rund um den Erdball versuchen populistische Kräfte, Randgruppen Stimme und Macht zu verleihen, neigen aber eben auch dazu, oppositionelle Kräfte auszuschalten und die Regeln des politischen Wettbewerbs zu unterwandern.

In der Welt von heute verweisen Populisten häufig auf Spannungen in liberalen Demokratien und machen sie sich zunutze: Sie kritisieren die schwachen *Ergebnisse* demokratischer Herrschaft und fordern zur Behebung dieses Problems eine Veränderung demokratischer *Verfahren*. Wenn das liberal-demokratische System nicht liefert, was bestimmte Wählerschichten wünschen, können sich politische Newcomer populistische Ideen zu eigen machen, indem sie das Establishment angreifen und verkünden, dass die Zeit reif sei, die Volkssouveränität zu stärken. Anders ausgedrückt, behaupten Populisten gern, dass Rechtstaatlichkeit und Institutionen zum Schutz von Grundrechten (Wahlkomitees, Verfassungsgerichte, Oberste Gerichte und so weiter) nicht nur das Volk an der rechtmäßigen Ausübung seiner Macht hindern, sondern auch Unzufriedenheit mit dem politischen System schüren.

In den verschiedenen Phasen der Demokratisierung hat der Populismus nicht immer dieselbe Wirkung. Unserer Ansicht nach spielt der Populismus für die Entwicklung einer Wahl- oder Minimaldemokratie häufig eine positive Rolle, wirkt sich jedoch tendenziell negativ aus, wenn ein liberaldemokratisches System vorangetrieben werden soll. Folglich begünstigt der Populismus die Demokratisierung autoritärer Regimes, mindert jedoch oft die Qualität liberaler Demokratien. Er fördert die Volkssouveränität, wehrt sich aber tendenziell gegen jede Einschränkung des Mehrheitsprinzips etwa durch unabhängige Gerichte oder Minderheitenrechte. Wenn der Populismus an die Macht gelangt, setzt er oft eine Entdemokratisierung in Gang (siehe Orbán in Ungarn oder Chávez in Venezuela), in manchen Fällen sogar den Zusammenbruch der demokratischen Regierungsform (siehe Fujimori in Peru).

Hat sich ein demokratisches System stabilisiert, lehnen Populisten auch weiterhin jede Begrenzung der Mehrheitsherrschaft ab, und falls sie stark genug sind, können sie eine Erosion der Demokratie einleiten. Es ist jedoch unwahrscheinlich, dass sie ein demokratisches System bis hin zum Zusammenbruch bedrohen, denn meist regt sich starker Widerstand vonseiten diverser Akteure und Einrichtungen, die sich für die unabhängigen Institutionen zum Schutz der Grundrechte einsetzen. Ein solches Szenario spielt sich derzeit in europäischen Ländern ab, in denen populistische Kräfte in Wahlen dominieren (zum Beispiel Griechenland oder Ungarn), jedoch nicht den Freiraum haben, das gesamte institutionelle Gefüge umzubauen.

KAPITEL 6

URSACHEN UND ANTWORTEN

Trotz der lebhaften Populismus-Debatte liegen überraschend wenig anerkannte Theorien über den Erfolg (und Misserfolg) populistischer Kräfte vor. Der Erfolg populistischer Kräfte wird meist mit einer charismatischen Führungsfigur und ihrer empfänglichen Anhängerschaft erklärt, die von den etablierten Parteien enttäuscht ist oder sich von ihnen übergangen fühlt. Diese Deutung ist aus zwei Gründen problematisch. Zum einen haben nicht alle populistischen Kräfte eine charismatische Führungsfigur. Zum zweiten ist Populismus ein moralischer und manichäischer Diskurs, der unabhängig vom Vorhandensein populistischer Kräfte in der Gesellschaft existiert. Ob es uns gefällt oder nicht: Viele Bürgerinnen und Bürger betrachten die politische Realität durch die populistische Linse.

Um den Erfolg (und Misserfolg) populistischer Akteure zu erklären, müssen wir sowohl die Nachfrageseite als auch die Angebotsseite populistischer Politik berücksichtigen. Einer der größten Vorteile des ideenorientierten Ansatzes liegt darin, dass er den Populismus sowohl auf der Ebene der Elite als auch auf der des Volkes erklärt. Gesellschaften mit einer starken Populismus-Nachfrage bereiten den Boden für einen Erfolg, der aber nichtsdestotrotz das Angebot glaubhafter populistischer Kräfte erfordert. Ein starkes populistisches Angebot ohne vergleichbare Nachfrage wiederum führt häufig zum Scheitern populistischer Akteure. Darüber hinaus muss man, um den Aufstieg des Populismus zu begreifen, berücksichtigen, dass der sozioökonomische und soziopolitische Kontext Nachfrage und Angebot des Populismus behindern oder fördern kann.

Im Anschluss an eine Darstellung der Hauptfaktoren für Erfolg und Misserfolg des Populismus werden wir uns einem weiteren wichtigen, aber schwer greifbaren Thema zuwenden: Wie soll man auf den Aufstieg des Populismus reagieren? Um diese Frage zu beantworten, stellen wir verschiedene demokratische Reaktionen vor, die sich an die Nachfrage- und Angebotsseite populistischer Politik wenden. Wir enden dieses Buch mit Vorschlägen, wie man die positiven Effekte des Populismus stärken und die negativen Auswirkungen auf die (liberale) Demokratie schwächen kann.

Erklärungen für Erfolg und Misserfolg des Populismus

Beginnen wir mit einer kurzen Klarstellung. Der Erfolg politischer Akteure wird zwar normalerweise an der Zahl der Stimmen gemessen, die sie erlangen (Wahlerfolg), doch politischer Erfolg lässt sich auch an zwei anderen Kriterien festmachen: inwieweit es gelingt, Anliegen auf die öffentliche Agenda zu setzen (Themensetzung) und das politische Handeln zu beeinflussen (politische Wirkung). Diese Unterscheidung ist im Zusammenhang mit Erfolg und Misserfolg populistischer Akteure besonders wichtig. Immerhin erhalten Populisten vielerorts relativ wenige Wählerstimmen, spielen aber in Hinblick auf Themensetzung und politische Wirkung eine beachtliche Rolle. Dafür gibt es kaum bessere Beispiele als rechtspopulistische Parteien wie die Dänische Volkspartei (DF) und den französischen Rassemblement National (RN) in Westeuropa. Obwohl sie in landesweiten Wahlen »nur« 10 bis 20 Prozent der Stimmen erlangen, haben sie großen Anteil daran, dass Themen wie Einwanderung und Multikulturalismus ins Zentrum der öffentlichen Debatte rückten. In einigen Fällen haben sie etablierte Parteien sogar dazu gezwungen, eine restriktivere Asyl- und Einwanderungspolitik zu betreiben.

Unabhängig von der Art des politischen Erfolgs sind populistische Akteure auf die Kombination aus Elite und Massenpopulismus angewiesen. Eine Theorie, die Erfolg (und Misserfolg) des Populismus erklären will, muss daher die Nachfrageseite und die Angebotsseite populistischer Politik betrachten. Während auf der Nachfrageseite gelegentliche und strukturelle Veränderungen dazu beitragen, dass sich populistische Haltungen ausbreiten und ein populistisches Ideengefüge in den Vordergrund drängt, wird die Angebotsseite von den Bedingungen beeinflusst, die populistische Kräfte in der politischen Arena begünstigen.

Die Nachfrageseite populistischer Politik

Damit eine politische Figur Erfolg haben kann, muss es für ihre Botschaft eine Nachfrage geben. Die meisten populistischen Akteure kombinieren Populismus mit einer oder mehreren sogenannten Wirtsideologien, etwa einer Form von Nationalismus oder Sozialismus. Die Wahlforschung schreibt ihren Erfolg zwar oft dem Populismus zu, befasst sich jedoch ausschließlich mit den Begleitfaktoren, etwa der Fremdenfeindlichkeit in Westeuropa oder der sozioökonomischen Unterstützung benachteiligter Bevölkerungsgruppen in Lateinamerika. Zum Teil ist das eine Folge der ungenügenden Datenlage. Empirische Studien populistischer Haltungen stecken noch in den Kinderschuhen, zeigen jedoch bereits auf, dass diese in Ländern mit relevanten populistischen Parteien (zum Beispiel in den Niederlanden) und sozialen Bewegungen (zum Beispiel in den USA), aber auch in Ländern ohne relevante populistische Kräfte (zum Beispiel in Chile) in der Bevölkerung recht verbreitet sind.

Weltweit unterstützt ein beachtlicher Teil der Bevölkerung zentrale Elemente des populistischen Ideengefüges. Vor allem halten viele Menschen das (politische) Establishment für unehrlich und eigennützig und mutmaßen, dass die Volksvertreter hinter verschlossenen Türen schmutzige Geschäfte machen und sich um die Ansichten der Mehrheit nicht scheren. Viele meinen, »das Volk« sollte die wichtigsten Entscheidungen selbst treffen, statt seine Macht als Souverän Profipolitikern zu übertragen. Dessen ungeachtet sind populistische Haltungen oft latent vorhanden, schlummern also vor sich hin oder bleiben verborgen, bis sie sich unter bestimmten Umständen entwickeln oder zutage treten. »In uns allen steckt ein schlummernder Hugo Chávez oder eine Sarah Palin«, so der US-Populismusforscher Kirk Hawkins. »Die Frage ist nur: Wie wird er oder sie aktiviert?«

Hier kommt der sozioökonomische und sozialpolitische Kontext ins Spiel. In einem bestimmten Umfeld wird der

Abb. 10: Alexis Tsipras (links) und Pablo Iglesias (rechts) führen zwei linkspopulistische Parteien (Syriza in Griechenland und Podemos in Spanien), die in Europa Bewunderung wie auch Angst verbreiten. Tsipras und Iglesias sind junge Politiker, die sich Ansehen dafür erwarben, dass sie im Gefolge der Finanzkrise gegen die Sparpolitik antraten.

Populismus plötzlich nachgefragt. Das geschieht, wenn sich die Wahrnehmung durchsetzt, dass die Gesellschaft in ihrer Existenz bedroht sei. Deshalb können größere politische Versäumnisse, etwa ein dramatischer Wirtschaftsabschwung, vor allem aber die Aufdeckung systematischer Korruption wie ein Katalysator für populistische Haltungen in der Bevölkerung wirken. Ohne die Finanzkrise und das korrupte Verhalten der etablierten Parteien ist beispielsweise die plötzliche Unterstützung populistischer Parteien wie Podemos in Spanien und Syriza in Griechenland kaum zu verstehen, und der sogenannte Tangentopoli-Korruptionsskandal in Italien Anfang der 1990er-Jahre erklärt zu einem großen Teil den Aufstieg Silvio Berlusconis.

Korruptionsskandale belegen, dass Individuen und Gruppen aus »der Elite« ein unehrliches Verhalten an den Tag legen. Die Menschen entwickeln eine Wut auf das politische System und neigen dazu, die politische Realität durch die populistische Linse zu betrachten. Systematische Korruption gedeiht besonders in Ländern mit großen »Staatlichkeits-«Defiziten: Der Staat kann in diesem Fall keinen Einfluss nehmen auf die Verteilung von Ressourcen, auf Aktivitäten und interpersonelle Beziehungen: Schwache Staaten tun sich schwer, die Steuern der Bürgerinnen und Bürger einzuziehen (Ressourcen), kriminelle Gruppen einzudämmen (Aktivitäten) und auf bestehende patrimoniale Netzwerke einzuwirken (interpersonelle Beziehungen). Demokratische Systeme mit schweren Staatlichkeitsproblemen sind anfällig für systematische Korruption, der den Populismus erstarken lässt (zum Beispiel in Ecuador und Griechenland) oder auch anhaltende Rangeleien zwischen populistischen und nichtpopulistischen Kräften nach sich ziehen kann (zum Beispiel in Argentinien und der Slowakei). Gelangen Populisten an die Macht, führt das übrigens nicht unbedingt dazu, dass der Staat stärker wird und die Ursachen der Staatlichkeitsdefizite angepackt werden.

Ein weiterer wichtiger Faktor für die Aktivierung populistischer Haltungen ist das allgemeine Gefühl, dass das politische System nicht reagiert. Wenn Bürgerinnen und Bürger zu dem Schluss gelangen, dass politische Parteien und Regierungen nicht auf sie hören, sondern ihre Forderungen ignorieren, steigt die Wahrscheinlichkeit, dass Populismus hochkommt, zumindest in den Wählerschichten, die sich vom Establishment abgehängt fühlen. Wählerinnen und Wähler, die sich von der etablierten Politik verlassen fühlen, interpretieren politische Ereignisse gern nach populistischer Manier: »Die Elite hilft nur sich selbst und interessiert sich nicht für die Belange des (wahren) Volkes.« Es ist kein Zufall, dass ein erheblicher Teil der Wählerschaft rechtspopulistischer Parteien in Europa der »einheimischen« Arbeiterklasse angehört, die sich von sozialdemokratischen Parteien nicht mehr repräsentiert fühlt, seit diese für wirtschaftliche Globalisierung, europäische Integration und Multikulturalismus eintreten.

Einen der Hauptgründe für die wachsende Kluft zwischen Elite und Volk brachte der irische Politikwissenschaftler Peter Mair auf den Punkt: Die etablierten Parteien seien in ihrer Doppelrolle als Repräsentanten und als verantwortungsvolle Akteure einer wachsenden Spannung ausgesetzt. Bürgerinnen und Bürger, so Mair, hätten häufig bestimmte Erwartungen an ihre Volksvertreter, die aber zu deren Verantwortung gegenüber höheren Instanzen im Widerspruch stehen. Das trifft besonders im heutigen Europa zu, in dem die Europäische Union den Handlungsspielraum für nationale Regierungen erheblich einschränkt und sie manchmal sogar zwingt, Maßnahmen umzusetzen, die sie offen ablehnen.

So beschlossen auf Druck der internationalen Märkte und der EU die sozialdemokratischen Regierungen unter José Luis Rodríguez Zapatero in Spanien (2004–2011) und Giorgos Papandreou in Griechenland (2009–2011), ihrer Verantwortung gerecht zu werden und die Sparreformen durchzuführen, die viele Wählerinnen und Wählern verärgerten, weil sie sich betrogen und von ihrer Partei nicht mehr vertreten fühlten. Das trug zu einer Aktivierung populistischer Haltungen bei, die sich zunächst in Sozialbewegungen wie den Indignados, dann in linkspopulistischen Parteien wie Podemos und Syriza Bahn brachen. Obwohl das ein Extrembeispiel ist, müssen auch etablierte politische Parteien in der EU die zunehmend schwierige Balance zwischen Responsivität und Verantwortlichkeit herstellen. Je besser sie ihrer Aufgabe gerecht werden, zu der auch gehört, dass sie ihrer Wählerschaft diese Spannung ehrlich kommunizieren, desto geringer sind die Chancen, dass der Populismus gedeiht.

Ähnliches geschah in Lateinamerika, wo der Handlungsspielraum nationaler Regierungen durch die internationalen Märkte und Finanzinstitutionen wie den Internationalen Währungsfonds (IWF) und die Weltbank stark eingeschränkt war. Ein Extrembeispiel für dieses Desaster ist die sozioökonomische und soziopolitische Situation, die Hugo Chávez' Aufstieg in Venezuela begünstigte. Fallende Ölpreise in den letzten beiden Jahrzehnten des vergangenen Jahrhunderts ließen die Einnahmen schrumpfen und die Staatsschulden wachsen, wodurch das Zweiparteiensystem des Landes, das sich stark auf klientelistische Netzwerke verließ, unter Druck geriet. Als der Mitte-Links-Präsident Carlos Andrés Pérez Sparreformen umsetzte, bekam er es mit größeren sozialen Unruhen und einem Staatsstreich durch den jungen Oberstleutnant Hugo Chávez zu tun. Als Pérez vom Obersten Gericht wegen eines Korruptionsskandals seines Amtes enthoben wurde, geriet das politische Establishment noch mehr in Verruf. Chávez mobilisierte nach seiner Entlassung aus dem Gefängnis diese Unzufriedenheit mit einem ausgeprägt populistischen Diskurs, der die Elite (*la oligarquía*) angriff und das Volk (*el pueblo*) glorifizierte. Im Jahr 1998 gewann Chávez mit 56 Prozent der Stimmen die Präsidentschaftswahl, besiegelte damit den Zusammenbruch des traditionellen Zweiparteiensystems im Lande und läutete den Beginn einer dritten populistischen Ära in der lateinamerikanischen Geschichte ein.

In der Analyse des Aufstiegs populistischer Kräfte fällt auf, dass schon kleine langfristige Veränderungen in zeitgenössischen Gesellschaften nicht nur die Verbreitung, sondern auch die Aktivierung populistischer Haltungen befördern können. Der US-Politologe Ronald Inglehart hat dargestellt, dass die sozialen Umwälzungen in den westlichen Demokratien nach dem Zweiten Weltkrieg mit einer »kognitiven Mobilisierung« der jeweiligen Bevölkerung einherging: Sie wurde aufgeklärter, unabhängiger und selbstbewusster. Diese neue emanzipierte Bürgerschaft akzeptiert die natürliche Dominanz politischer Eliten nicht mehr und kritisiert energisch jede mutmaßliche Verfehlung. Dank der veränderten technischen Möglichkeiten sind emanzipierte Bürgerinnen und Bürger auch besser über eventuelles Fehlverhalten politischer Eliten informiert.

Heute werden die traditionellen Medien nicht mehr so stark von politischen Eliten kontrolliert. In vielen Ländern waren Zeitungen ursprünglich eng mit etablierten politischen Parteien oder Organisationen verbandelt, wenn nicht gar in deren Besitz oder unter ihrer Leitung, während Radio und Fernsehen ausschließlich in Staatshand und unter staatlicher Kontrolle standen und Partei ergriffen für die Regierung oder den Mainstream (etablierte Oppositionsparteien eingeschlossen). Heute sind die meisten Zeitungen mehr oder weniger unabhängig von politischen Parteien, und staatliche Radio- und Fernsehsender haben einen großen Teil ihres Publikums an kommerzielle Wettbewerber verloren. Sie alle konkurrieren mit einer ständig wachsenden Zahl von Internetmedien. In diesem hart umkämpften Markt wenden sich die Medien nicht so gern ernsthaften politischen Themen zu, sondern lieber solchen, die sich gut verkaufen, etwa Kriminalität und Korruption, das Hauptmenü auf dem populistischen Speiseplan. So ist eine politische Kultur entstanden, die nicht per se populistisch, aber jedenfalls für populistische Botschaften zugänglich ist.

In den Entwicklungsländern war die kognitive Mobilisierung zwar nicht so stark ausgeprägt und erreichte häufig nur die urbane Mittelschicht, doch traditionelle Institutionen und Werte verlieren rund um den Erdball an Halt. Auch haben in den Entwicklungsländern, egal, ob sie demokratisch oder autoritär regiert werden, die sozialen Medien einen besonders starken Aufschwung erlebt. Die Kombination dieser Umwälzungen spiegelte sich in der Grünen Bewegung im Iran ebenso wie im Arabischen Frühling in anderen Ländern des Nahen Ostens; all diese Bewegungen illustrieren eindrucksvoll, wie die erstarkte urbane Mittelschicht mittels sozialer Medien mobilisiert werden kann. Kommen der Wunsch nach Demokratisierung und die Ablehnung des Establishments zusammen, zumal in großen diskriminierten Bevölkerungsgruppen, werden (proto-) populistische Haltungen aktiviert.

Die meisten populistischen Episoden sind mit dem Aufstieg (und Fall) einer populistischen Führungsfigur oder Partei verbunden. Dieser populistische Akteur kann den bestehenden Kontext dazu nutzen, eine amorphe establishmentfeindliche Gesinnung zu mobilisieren und mit seinen Lösungen an den »gesunden Menschenverstand« der Bevölkerung zu appellieren. Erfolgreiche populistische Kräfte verstehen es, in ihrem populistischen Diskurs – »Wir, das gute Volk« gegen »Die, die korrupte Elite« – eine große Bandbreite an gesellschaftlichen Missständen zusammenzuführen. Sie tun dies, indem sie den Populismus mit Wirtsideologien kombinieren, die weitere wichtige Klagen aus der Bevölkerung thematisieren. Radikale rechtspopulistische Parteien in Westeuropa verknüpfen beispielsweise Nativismus und Populismus, indem sie die korrupte (einheimische) Elite beschuldigen, (fremde) Einwanderer zu begünstigen und das (einheimische) Volk an den Rand zu drängen. Linkspopulisten in Südamerika wiederum verbinden Sozialismus und Populismus und werfen der korrupten Elite vor, die natürlichen Ressourcen des Landes auf Kosten des armen Volkes zu plündern.

Unabhängig vom bestehenden sozioökonomischen und sozialpolitischen Kontext bemühen sich populistische Akteure um eine Politisierung von Themen, die das Establishment nicht (ausreichend) behandelt. Wenn sich die Mainstream-Parteien inhaltlich aneinander annähern und sich ihre jeweiligen Parteiprogramme nicht mehr wesentlich voneinander unterscheiden, erleichtert das populistischen Kräften zu behaupten, dass »die« alle gleich sind. Der Front National (heute RN) entwickelte diesen Diskurs als erste populistische Partei Europas, als er die vier Mainstream-Parteien in Frankreich als »Viererbande« bezeichnete, die im Zuge eines Geheimpaktes »die Demokratie konfisziert« hätte. Später warf er die beiden verbliebenen etablierten Parteien in einen Topf, indem er deren Abkürzungen UMP und PS zu »UMPS« verschmolz. In Italien verspottete der frühere Komiker und Begründer der populistischen Fünf-Sterne-Bewegung Beppe Grillo die Mitte-Links-Partei PD als PdohneL (*Pdmenoelle*), weil sie von der Mittel-Rechts-Partei PdL angeblich kaum zu unterscheiden sei.

Mainstream-Parteien reagieren natürlich oft auch selbst auf die ideologische Annäherung. Wenn sie merken, dass ihrer Wählerschaft bestimmte Anliegen wichtig sind, politisieren sie diese Themen. Dadurch fordern sie nicht nur ihre etablierten Mitbewerber heraus, sondern schließen auch den Raum für neue Konkurrenz, populistische Kräfte eingeschlossen. Politische Mainstream-Parteien tragen daher mit dem, was sie tun *und* was sie versäumen, stark zum Erfolg oder Misserfolg populistischer Kräfte bei. Dies lässt sich anhand eines Vergleichs der Wahlergebnisse rechtspopulistischer Parteien in Österreich und Spanien illustrieren.

Spanien ist eines der wenigen westeuropäischen Länder, wo es bis vor kurzem keine relevante rechtspopulistische Partei gab. Neben sehr starken Regionalparteien und einem recht eigentümlichen Wahlsystem erklärt sich das vor allem daraus, dass die im rechten Spektrum angesiedelte Mainstream-Partei, die Volkspartei (PP), viele Themen behandelt, die der potenziellen Wählerschaft rechtspopulistischer Parteien in Spanien wichtig sind: Katholizismus, Recht und Ordnung und vor allem nationale Einheit. Völlig anders die Freiheitliche Partei Österreichs (FPÖ): Sie profitierte erheblich von der Annäherung der beiden wichtigsten Parteien, die in der Regierung häufig eine formale oder informelle große Koalition eingingen und potenziell spaltende Themen wie die europäische Integration und die Immigration aus der öffentlichen politischen Agenda ausklammerten.

Doch populistische Akteure sind nicht nur ein Zufallsprodukte ihrer Umgebung. Sie bereiten auch aktiv den Boden für ihren eigenen Erfolg. Vor allem scheuen sie keine Mühe, wenn es darum geht, eine *gefühlte* Krise heraufzubeschwören. Häufig unabsichtlich unterstützt von sensationslüsternen Medien münzen radikale rechtspopulistische Parteien in Europa (manchmal relativ bescheidene) Zuwächse der Flüchtlingszahlen in eine »Einwanderungskrise« um, die angeblich von den inkompetenten und korrupten Mainstream-Parteien verursacht wurde. Ob populistische Akteure Wahlerfolge feiern, Themen setzen oder politische Wirkung entfalten können, hängt somit auch stark davon ab, ob sie ein glaubhaftes Krisen-Narrativ entwickeln können. Ein zusätzlicher Vorteil für populistische Kräfte liegt darin, dass sie durch das Heraufbeschwören einer gefühlten Krise ihrer Botschaft Dringlichkeit und Nachdruck verleihen können.

Ein gutes Beispiel liefert Finnland, wo in den Jahren der Finanzkrise das Bruttoinlandsprodukt deutlich zurückging, Arbeitslosigkeit und Staatsschulden jedoch nur mäßig anstiegen. Es wäre daher stark übertrieben zu behaupten, dass der durchschnittliche finnische Wähler von der globalen Wirtschaftskrise hart getroffen worden wäre. Dennoch kam die populistische Partei der Wahren Finnen in der Parlamentswahl 2011 auf erstaunliche 19 Prozent. Begünstigt wurde dieser Wahlerfolg von einem Korruptionsskandal, der alle großen Parteien betraf. Ausschlaggebend war jedoch das Krisengefühl, das die Partei und Teile der Medien heraufbeschworen. Die Wahren Finnen behaupteten, der großzügige Wohlfahrtsstaat würde durch EU-Rettungsprogramme und eine Immigranten-»Invasion« – beides mit Zustimmung der Mainstream-Parteien – gefährdet, und »Unschuldige« (sprich: das Volk) müssten für die Dummheit der »Schuldigen« (sprich: der Elite) zahlen.

Bevor wir uns dem nächsten Punkt zuwenden, müssen wir uns mit einer häufig vernachlässigten, aber wichtigen Frage befassen: Wie beeinflusst die politische Kultur die Entstehung von Populismus? Populistische Akteure betätigen sich ja nicht in einem Vakuum, sondern treten in Gesellschaften mit einem jeweils eigenen historischen Erbe in Erscheinung, das unterschiedliche politische Kulturen entstehen lässt. Nehmen wir zum Beispiel den Fall des westeuropäischen Demokratisierungsprozesses, der häufig Hunderte von Jahren andauerte und stark von der Elite kontrolliert wurde. Häufig standen sich nichtdemokratische Eliten wie Monarchie und Landbesitzer und demokratische Eliten wie Liberale und Sozialisten gegenüber. Liberale und sozialistische Eliten begegneten dem »einfachen Volk« oft mit Misstrauen und dehnten deshalb das Wahlrecht (auch für Frauen) nur zögernd und schrittweise aus. Der Aufstieg von Kommunismus und Faschismus verstärkte dieses Misstrauen gegenüber dem (einfachen) Volk, sodass in vielen Ländern führende demokratische Eliten die politischen Wahlmöglichkeiten stark einschränkten. Vielerorts wurden beispielsweise »antidemokratische« Parteien verboten, damit die Menschen nicht wieder die »falsche Wahl« trafen.

Ganz anders die Vereinigten Staaten: Sie blicken auf eine eher volksdemokratische Geschichte zurück, die von revolutionärer Sprache und der Vorstellung eines »Wir, das Volk« geprägt ist. Paradoxerweise hegten die Gründerväter starke Vorbehalte gegen »eine Regierung des Volkes durch das Volk und für das Volk«, wie Präsident Lincoln die US-Demokratie später beschrieb. In dem extrem komplexen und teilweise dysfunktionalen politischen System, das die Gründer der Nation schufen, spiegelten sich Ressentiments gegen die Elite ebenso wider wie die gegen das Volk, abzulesen an den Instanzen zur Kontrolle der Regierung einerseits und dem Wahlmännergremium andererseits. Ungeachtet dessen hatte die politische Kultur in Amerika immer eine starke populistische Tendenz: das »anständige Volk« gegen »die Elite« oder, wie im Wahlkampf gern zitiert, die »Main Street gegen die Wall Street«. Die Vorstellung vom tugendhaften Volk und der korrupten Elite durchzieht die Geschichte der Vereinigten Staaten in der Hochkultur ebenso wie in der Volkskultur.

Auch ohne populistische Führungsfiguren oder Parteien begegnen die Menschen in Amerika dem populistischen Diskurs in den Mainstream-Medien wie auch den Reden von Mainstream-Politikern. Populistische Gesinnung spielt auch in der Popkultur eine wichtige Rolle. Von Thomas Paines berühmtem Pamphlet *Common Sense* (1776) über den epischen Film *Mr. Smith geht nach Washington* (1939) mit James Stewart in der Hauptrolle bis hin zu John Richs Song »*Shuttin' Detroit Down*« gegen die Bankenrettung (2009) ist den Menschen in den USA der ewige Kampf zwischen anständigem Volk und korrupter Elite ständig präsent.

Angesichts des unterschiedlichen historischen Erbes ist es nicht überraschend, dass Populismus in der westeuropäischen Geschichte relativ selten auftrat und auf eine hierarchische Mobilisierung von oben nach unten in Blitzparteien wie den Poujadisten beschränkt war. Doch die sozialen Umwälzungen der »stillen Revolution« haben westeuropäische Kulturen für den Populismus geöffnet. Die emanzipierten Bürgerinnen und Bürger haben sich aus dem Griff traditioneller politischer und sozialer Organisationen befreit und sind gegenüber dem Establishment immer kritischer, um nicht zu sagen zynischer geworden. Da die Elite zunehmend negativ beurteilt wird, ist aus dem vornehmlich schlechten das überwiegend gute Volk geworden. Viele Medien tauschen in ihrer Berichterstattung über wichtige politische Entwicklungen die (studierten) Fachleute gegen »den Mann und die Frau von der Straße« aus. Mainstream-Politikern wird in Interviews heftig zugesetzt, sie mögen sich zu den »Sorgen des Volkes« äußern, wobei die Journalisten häufig als Stimme des Volkes auftreten. Auch Reality-TV-Sendungen, die wie *Big Brother* einfache Leute oder C-Promis wie die Kardashians präsentieren, ersetzen weitgehend Sendungen über das Leben der »Hochkultur«-Eliten.

Reaktionen gegen den Populismus

Nachdem populistische Kräfte zunächst überwiegend in Lateinamerika Wahlerfolge feierten, konnten sie sich in den letzten Jahrzehnten in den Wahlarenen der Welt etablieren.

Damit wuchs auch die Sorge und die Diskussion darüber, wie am besten mit ihnen umzugehen sei. Die Debatte wird zu einem großen Teil von der Vorstellung der *streitbaren Demokratie* befeuert, ein Begriff des deutsch-amerikanischen Philosophen und Politikwissenschaftlers Karl Löwenstein, der in den 1930er-Jahren dafür plädierte, Demokratien sollten extremistische politische Kräfte verbieten, um zu verhindern, dass sie mit demokratischen Mitteln an die Macht gelangten – wie er es mit Adolf Hitlers Aufstieg in der Weimarer Republik erlebt hatte. Zwar ist Deutschland eines der wenigen Länder, das sich laut Bundesverfassungsgericht offiziell als streitbare (oder wehrhafte) Demokratie bezeichnet, doch haben die meisten demokratischen Länder zumindest einige Elemente einer solchen Demokratie eingeführt, zumal nach den Terroranschlägen vom 9. September 2001 und dem anschließenden Krieg gegen den Terror.

Im Umgang mit populistischen Kräften ist der Ansatz der streitbaren Demokratie jedoch besonders problematisch, da sich Populismus nicht gegen die Demokratie als solche richtet, sondern vielmehr im Widerspruch zum *liberal*-demokratischen System steht. Populistische Kräfte misstrauen grundsätzlich nicht-gewählten Institutionen – nicht immer unbegründet –, weil sie aus dem Ruder laufen und am Ende die Interessen mächtiger Minderheiten beschützen können, statt dem Gemeinwohl zu dienen. Populisten stellen für Demokratien daher eine andere, komplexere Herausforderung dar als Extremisten und erfordern eine andere, komplexere Reaktion. Eine unverhältnismäßige Reaktion auf die populistische Provokation kann in einer liberalen Demokratie mehr Schaden als Nutzen anrichten.

Abb. 11: Die Wahlerfolge der Freiheitlichen Partei Österreichs sind zu einem großen Teil dem Charisma Jörg Haiders zuzuschreiben. Er war ein begabter Redner, der keine Mühe scheute, mittels populistischer Ideen das Establishment anzugreifen und das Thema Einwanderung zu politisieren.

Antworten auf der Nachfrageseite

Nur selten wird in wissenschaftlichen oder öffentlichen Debatten darauf eingegangen, wie man mit der Nachfrage populistischer Politik umgeht. Das liegt zum Teil daran, dass viele den Populismus auf einen auf die Elite gerichteten Prozess reduzieren, mit einer charismatischen Führungsfigur im Zentrum, die es versteht, die Massen zu begeistern (oder »auszutricksen«). Nach diesem Verständnis erklärt sich der Populismus aus dem Aufstieg eines »großen Mannes« wie Jörg Haiders oder Hugo Chávez’. Populistische Haltungen sind aber in Gesellschaften relativ verbreitet, auch in solchen, in denen es gar keine charismatische populistische Führungsfigur gibt. Die Aktivierung dieser Haltungen hängt von bestimmten Bedingungen ab, unter denen aus einfachen Leuten leidenschaftliche Populisten werden. Das sind vor allem politische Korruption im Allgemeinen und mangelnde Responsivität der Elite im Besonderen.

Größere Korruptionsskandale und besonders systemische Korruption bereiten in der breiten Bevölkerung den Boden für Populismus. Bekämpfung und Verhinderung von Korruption sind daher wichtige Strategien, um die Nachfrage nach populistischer Politik zu verringern. Als wichtigste Lektion lässt sich daraus aufleiten, dass die schlimmste Reaktion auf das Bekanntwerden eines größeren Korruptionsskandals wäre, ihn zu leugnen oder eine angemessene transparente Untersuchung zu verhindern. Die *liberale* Demokratie bezieht ihre Legitimität zu einem erheblichen Teil daraus, dass autonome Institutionen in der Lage sind, Beamte und gewählte Politiker im Namen der Bürgerschaft zur Verantwortung zu ziehen. Eine adäquate Strafverfolgung und Sanktionierung größerer Korruptionsfälle verringert nicht nur die Korruption in den Eliten, sondern beweist den Menschen auch, dass »das System« nicht vollständig von einem homogenen Establishment kontrolliert wird.

Die Bekämpfung systemischer Korruption ist natürlich ungleich schwieriger als die Aufklärung einzelner größerer Korruptionsfälle. Immerhin geht systemische Korruption häufig mit Problemen der »Staatlichkeit« einher, und diese zu beheben ist alles andere als einfach. Bemühungen, den Staat im Allgemeinen und die Rechtsstaatlichkeit im Besonderen zu stärken, sollten als Maßnahmen begriffen werden, die indirekt zur Schwächung populistischer Gesinnung beitragen. Je besser der Staat Einfluss nehmen kann auf die bestehende Verteilung von Ressourcen (z.B. Steuern erheben), Aktivitäten (z.B. kriminelle Gruppen eindämmen) und interpersonelle Beziehungen (z.B. auf bestehende patrimoniale Netzwerke einwirken), desto unwahrscheinlicher ist die Aktivierung populistischer Nachfrage. Internationale Organisationen und staatliche Institutionen, die mit der »Demokratieförderung« befasst sind, sollten sich daher bemühen, mit Zuckerbrot und Peitsche staatliche Handlungsfähigkeit und Rechtsstaatlichkeit aufzubauen. Ein gängiges Zuckerbrot besteht darin, die Arbeitsbedingungen staatlicher Bediensteter zu verbessern und die Menschen im Lande zu ermutigen, dass sie Vergehen melden (zum Beispiel über einen Ombudsmann), Maßnahmen für die Peitsche werden meist durch institutionelle und rechtliche Reformen erreicht, die die Überwachung und Sanktionierung staatlicher Instanzen verbessern.

In den meisten westeuropäischen Ländern sind populistische Haltungen in der Gesellschaft verbreitet, obwohl dort die Staatlichkeit keine größeren Probleme bereitet. So entstanden in Dänemark und den Niederlanden starke populistische Parteien, obwohl weder systemische Korruption noch mangelnde staatliche Handlungsfähigkeit zu beklagen war. Um das zu begreifen, muss man die zweite Vorbedingung heranziehen, die eine Aktivierung populistischer Gesinnung in der Bevölkerung erleichtert: die mangelnde Responsivität der Elite. In vielen westeuropäischen Ländern stellten die etablierten Parteien ihre Verpflichtungen als Repräsentanten ihrer Wähler hinter die Verpflichtungen gegenüber Dritten. Und wenn ihnen dann die Öffentlichkeit die Gefolgschaft verweigerte, reagierten sie mit der Bildung politischer Kartelle, häufig mit dem ausdrücklichen Argument, populistische Parteien von der Macht fernhalten zu wollen. Damit wurde für Populisten natürlich ein Traum wahr, bestätigten die etablierten Parteien doch ihr Lieblings-Image, den Kampf »Einer gegen alle, alle gegen einen«, so ein alter Slogan der radikal rechtspopulistischen Partei Vlaams Blok (heute Vlaams Belang, VB) in Belgien.

Das Hauptproblem liegt nicht unbedingt darin, dass etablierte Parteien Kartelle mit anderen liberal-demokratischen Parteien bilden oder dass sie ihren Verpflichtungen nachkommen, sondern darin, dass sie dies nicht klar und ehrlich kommunizieren. Die meisten Politiker behaupten volle Handlungsfähigkeit, wenn alles gut geht, und praktisch völlige Handlungsunfähigkeit, wenn etwas schiefläuft. So reklamiert eine Regierung ein Wirtschaftswachstum als Erfolg ihrer Wirtschaftspolitik, wohingegen sie einen Abschwung auf die »Globalisierung« und internationale Institutionen wie EU und IWF abwälzt. Politiker schaden sich im Grunde selbst, wenn sie behaupten, mehr Macht zu haben, als es der Wahrheit entspricht. Da sie an den prinzipiellen Beschränkungen ihrer Macht nichts ändern können, sollten sie offener damit umgehen, also auch erklären, warum sie diese Beschränkungen akzeptieren. Damit hätten Populisten zwar nach wie vor die Gelegenheit, eine möglicherweise attraktivere Alternative zu propagieren, etwa uneingeschränkte Souveränität, aber zumindest würden die Mainstream-Parteien auf diese Art redlicher und aufrichtiger wahrgenommen.

Jüngste Erfahrungen in Ländern wie Griechenland, wo sich die linkspopulistische Syriza-Regierung derselben wirtschaftlichen Realität beugen musste wie ihre »verräterischen« Gegner vor ihr, haben zudem die populistische Alternative zum Teil schon wieder entzaubert.

Ehe wir einen Schritt weitergehen, darf der Hinweis nicht fehlen, dass im Umgang mit der Nachfrageseite populistischer Politik auch aktive Strategien in der Gesamtbevölkerung in Betracht kommen sollten. Eine der wichtigsten ist politische Bildung, die darauf abzielt, der Bürgerschaft die wichtigsten Werte der liberalen Demokratie zu vermitteln und, wenn auch nicht immer offen, vor den Gefahren extremistischer Herausforderer zu warnen. Das wohl ausgefeilteste System wurde in Deutschland entwickelt, das sogar eine eigene staatliche Behörde dafür eingerichtet hat, die Bundeszentrale für politische Bildung (bpb). Insgesamt kann politische Bildung demokratische Überzeugungen stärken, erklären, warum Pluralismus so wichtig ist, und auf diese Art zur Vermeidung populistischer Haltungen beitragen. Wenn heftig vor extremistischen Kräften gewarnt wird, kann das jedoch auch ins Auge gehen, zumal in Bevölkerungsgruppen, die dem politischen Establishment bereits misstrauen und mit populistischen Kräften sympathisieren.

Antworten auf der Angebotsseite

Da populistische Kräfte gern das Establishment angreifen, bezieht dieses auch häufig Stellung gegen sie. Mitunter zielen demokratische Reaktionen darauf ab, die Nachfrage nach populistischer Politik zu dämpfen, doch die meisten Aktionen und Akteure nehmen ausschließlich die Angebotsseite ins Visier, also die populistischen Kräfte. Doch anders als der Populismus mit seinem Diskurs ist das Establishment keine monolithische Einheit, und einige seiner Vertreter reagieren bereitwilliger und erfolgreicher auf den Populismus als andere. Wir betrachten die folgenden vier Vertreter des Establishments, die tendenziell am aktivsten und effektivsten sind: 1. Akteure der Mainstream-Politik, 2. Institutionen zum Schutz von Grundrechten, 3. die Medien und 4. Überstaatliche Organisationen.

Die Vertreter des Mainstream und des Populismus betreiben im Grunde dasselbe Geschäft: Politik. Unter bestimmten Umständen können sie sich daher dazu entschließen, zu kooperieren und ein Bündnis einzugehen, das ihnen hilft, ihren Forderungen Nachdruck zu verleihen und politische Macht zu erlangen. So koalierten Mainstream-Parteien in europäischen Ländern wie Österreich und Finnland mit populistischen Parteien; in den Vereinigten Staaten gingen mehrere republikanische Spitzenpolitiker ein formales oder informelles Bündnis mit populistischen Tea-Party-Gruppen ein, um Sitze im Kongress zu erobern. Die meisten Mainstream-Parteien schlagen jedoch die entgegengesetzte Richtung ein und greifen populistische Akteure offen an. Eine Möglichkeit ist deren Ausgrenzung, indem man beispielsweise einen sogenannten *cordon sanitaire* um sich errichtet, der jede offizielle Zusammenarbeit ausschließt; das war vor allem in Belgien in Hinblick auf Vlaams Belang der Fall. Radikaler ist der Kampf gegen populistische Kräfte mit allen verfügbaren Mitteln, etwa einem Generalstreik oder sogar einem Putsch gegen regierende Populisten, wie es in Venezuela Anfang der 2000er-Jahre geschah.

Institutionen, die sich auf den Schutz der Grundrechte spezialisiert haben, können eine wichtige Rolle spielen, wenn es gilt, auf den Aufstieg von Populisten zu reagieren. Immerhin wurden in liberalen Demokratien Institutionen wie das deutsche Bundesverfassungsgericht oder der US-Supreme Court eigens dafür geschaffen, das liberal-demokratische System zu bewahren und Minderheitenrechte gegen das Mehrheitsprinzip zu verteidigen. In Mittel- und Osteuropa bildete die Justiz häufig das stärkste Gegengewicht gegen populistische Akteure und wehrte insbesondere illiberale Gesetzesvorhaben von Populisten wie den Kaczyński-Brüdern in Polen und Mečiar in der Slowakei ab. Doch das funktioniert nicht immer. So hatte das jeweilige Justizsystem nicht genügend Macht, die illiberalen Verfassungsreformen der populistischen Staatschefs Correa in Ecuador und Orbán in Ungarn zu verhindern, die sie nutzten, um ihren Einfluss zu stärken und loyale Anhänger im Rechtssystem zu platzieren.

Die Medien tragen erheblich zum politischen Erfolg oder Misserfolg populistischer Kräfte bei. So lässt sich etwa der Aufstieg der Tea Party ohne die Unterstützung bekannter Persönlichkeiten auf Fox News und lokalen Radiostationen, etwa Glenn Beck und Sean Hannity, kaum erklären. Ähnliches geschah in Österreich, wo FPÖ-Chef Haider in den 1990er-Jahren von der wohlwollenden Berichterstattung in der wichtigsten Boulevardzeitung, die *Kronen-Zeitung,* profitierte. Die United Kingdom Independence Party (UKIP) konnte in jüngerer Zeit auf die offene Unterstützung durch das britische Boulevardblatt *Daily Express* zählen, das zuvor Labour und die Konservativen unterstützt hatte. In einigen Fällen begannen Populisten ihre Karriere in den (sozialen) Medien, so der Ataka-Vorsitzende Wolen Siderow in Bulgarien oder der Fünf-Sterne-Chef Beppe Grillo in Italien. Ein typischer Vertreter dieses Medien-Populismus ist Silvio Berlusconi, der sein riesiges Medien-Imperium dazu nutzte, seine Partei Forza Italia auf den Weg zu bringen und Präsident zu werden.

Etwas anders stellt sich die Situation in Deutschland dar, wo die Medien populistischen Parteien der Rechten und Linken ablehnend gegenüberstehen. Sogar eine Boulevardzeitung wie *Bild*, die sich durch einen sehr ausgeprägten populistischen Diskurs hervortut, greift Parteien wie die linkspopulistische Linke und die rechtspopulistischen Republikaner heftig an. Eine ähnliche Situation findet sich, abgesehen von der jüngsten Neuausrichtung des *Daily Express*, im Vereinigten Königreich. So prangen auf den Titeln aller Boulevardblätter vernichtende Schlagzeilen über die British National Party (BNP), besonders in der *Sun*, in der die Partei als »Bloody Nasty People« tituliert wurde. Diese merkwürdige Hassliebe zwischen populistischen Medien und Politikern, die ein gemeinsamer Diskurs, nicht aber ein gemeinsamer Kampf eint, ist in der Welt recht verbreitet und erklärt sich daraus, dass auch die Medien der Regenbogenpresse fast immer Vertretern des Mainstream gehören und von solchen betrieben werden.

Auch übernationale Institutionen spielen für den Umgang mit populistischen Kräften eine wichtige Rolle. Zu den zentralen Funktionen der Europäischen Union und der Organisation Amerikanischer Staaten (OAS) zählen Förderung und Schutz der (liberalen) Demokratie. Beide reagieren daher gelegentlich heftig auf die Machtübernahme populistischer Kräfte, etwa die Bildung einer Koalitionsregierung mit der

FPÖ im Jahr 2000, oder auf populistische Entscheidungen, etwa die Auflösung des peruanischen Parlaments durch Fujimori im Jahr 1992. Dennoch zeigen die Beispiele Chávez und Orbán, dass übernationale Organisationen nicht viel Einfluss auf Populisten ausüben können. Zum Teil resultiert das aus dem Widerstand nationaler Regierungen, die Einhaltung liberal-demokratischer Standards von ausländischen Organisationen überwachen zu lassen. Darüber hinaus sind die Aufnahmekriterien in übernationale Organisationen wie die EU später nur noch begrenzt hilfreich: Ist ein Land erst in den Club eingetreten, hat dieser kaum noch die Möglichkeit, die Einhaltung von Demokratie und Rechtsstaatlichkeit durchzusetzen. Manchmal können Populisten zudem auf internationale Unterstützung zählen – von populistischer oder nichtpopulistischer Seite –, die sie vor übernationalen Sanktionen schützt, so geschehen im Fall Orbáns durch die Europäische Volkspartei (EVP), oder sie können deren Einfluss abschwächen, wie es Chávez mit populistischen Regimes in Ecuador und Nicaragua betrieb.

Was lässt sich aus der kurzen Darstellung der wichtigsten demokratischen Reaktionen auf die Angebotsseite populistischer Politik ableiten? Die wichtigste Lektion lautet hier, dass für den Umgang mit dem Populismus unterschiedliche Strategien zur Verfügung stehen, die sich meist zwischen den beiden Polen Opposition und Kooperation ansiedeln. Einerseits hat man die Möglichkeit der Gegenwehr, indem man populistische Kräfte angreift und/oder ausgrenzt. Andererseits kann man versuchen, mit Populisten ins Gespräch zu kommen, indem man die von ihnen aufgeworfenen Themen (zum Teil) berücksichtigt und/oder populistische

Kräfte vollständig in das politische System integriert, zum Beispiel durch die Bildung einer Koalitionsregierung. Eine Universallösung für den richtigen Umgang mit populistischen Herausforderern gibt es letztlich nicht. In der Praxis liegen alle Strategien irgendwo zwischen den Polen der vollständigen Opposition und der vollständigen Kooperation; in den meisten Fällen kommt eine Kombination aus verschiedenen Strategien zur Anwendung.

Welche Strategie am effektivsten ist, hängt weitgehend von den spezifischen Eigenschaften der Demokratie wie auch der populistischen Herausforderer ab. Wir können jedoch zwei schlechte Ansätze benennen, die leider häufig angewandt werden. Der erste ist ein koordinierter Frontalangriff gegen populistische Kräfte durch Vertreter des Establishments. Durch die kollektive Diffamierung als »die«, »böse« und »dumm« spielen sie den Populisten in die Hände, die ihren politischen Kampf nun unter das Motto »Alle gegen einen, einer gegen alle« stellen können. Zweitens meinen Teile des Establishments, populistische Kräfte nur besiegen zu können, wenn sie ihre populistische Botschaft teilweise übernehmen; diverse westeuropäische Sozialdemokraten haben diese Methode in ihrem Kampf gegen den radikalen Rechtspopulismus empfohlen. Beide Ansätze verstärken die Moralisierung und Polarisierung von Politik und Gesellschaft und unterminieren die Grundfesten der liberalen Demokratie.

Die illiberale Antwort des Populismus

Populismus ist ein Bestandteil der Demokratie. Statt ihres Spiegelbildes ist der Populismus jedoch das (schlechte) Gewissen der liberalen Demokratie. In einer Welt, die von Demokratie und Liberalismus beherrscht wird, ist aus dem Populismus im Wesentlichen eine illiberale demokratische Antwort auf undemokratischen Liberalismus geworden. Populisten stellen unbequeme Fragen zu undemokratischen Aspekte liberaler Politik und Institutionen, etwa Verfassungsgerichte und internationale Finanzorganisationen, und sie geben illiberale Antworten, die häufig von weiten Teilen der Bevölkerung unterstützt werden (etwa die Wiedereinführung der Todesstrafe). Der liberalen Demokratie wohnt eine (potenzielle) Spannung zwischen den Wünschen der Mehrheit und den Rechten der Minderheit inne. Das hat traditionell zur Folge, dass Verfassungsgerichte Regierungen zurechtweisen wie in den berühmten Fällen des US-Supreme Court *Brown v. Board of Education* (1954) und *Roe v. Wade* (1973), in denen die Rassentrennung verboten beziehungsweise die Abtreibung legalisiert wurde. In den vergangenen Jahrzehnten haben ungewählte Organe und technokratische Institutionen wie die Europäische Zentralbank (EZB) und der Internationale Währungsfonds (IWF) die Kontrolle über wichtige Politikbereiche übernommen und damit die Macht der gewählten Politiker erheblich beschnitten. Durch die verbreitete Umsetzung neoliberaler Reformen und die Einführung von Strategien wie der Öffentlichen Reformverwaltung werden nationale Regierungen mittlerweile von Privatunternehmen, transnationalen Organisationen und der (un-)sichtbaren Hand des Marktes in ihrer Handlungsfähigkeit stark eingeschränkt.

Mainstream-Politiker setzen solche Maßnahmen oft bereitwillig um, versuchen aber nur selten, sie ihren Bürgern auch zu vermitteln. Stattdessen stellen sie sie oft als notwendig, ja unvermeidlich dar, weil sie ihrem Land von mächtigen ausländischen Organisationen (etwa der EU oder dem IWF) und Prozessen (z.B. der Globalisierung) aufgezwungen würden. Daher wird kaum darüber diskutiert, ob zumindest einige dieser Maßnahmen falsch sind oder unbeabsichtigte Nebenwirkungen haben, die am Ende mehr schaden als nützen. Einige Eliten bedienen sich gar des wachsenden Einflusses nicht gewählter Organe und technokratischer Institutionen, um kontroverse politische Themenbereiche zu entpolitisieren, etwa Sparmaßnahmen und Zuwanderung, und dadurch das Risiko einer Wahlniederlage zu minimieren. Ein besonders gutes Beispiel dafür ist die EU, die bewusst so konstruiert wurde, dass sie Macht an nicht gewählte Institutionen delegiert und sich damit dem Druck der Bevölkerung weitgehend entziehen kann. Es ist kein Wunder, dass das Wort »Demokratiedefizit« mittlerweile zu einem Synonym für die Europäische Union ist und die meisten populistischen Kräfte Euroskeptiker sind. Sie werfen den nationalen und europäischen Eliten vor, eine allmächtige übernationale Organisation geschaffen zu haben, die auf Kosten und gegen die Wünsche des Volkes den (Neo-)Liberalismus fördert.

Obwohl der Populismus in vielen verschiedenen Formen und Gestalten auftritt und in sehr unterschiedlichen kulturellen und politischen Kontexten mobilisiert, gilt für alle populistischen Akteure, dass sie die politische Debatte moralisieren und versuchen, vernachlässigte Themen und Bevölkerungsgruppen (wieder) zu politisieren. Der Populismus bietet für komplexe Probleme oft einfache Lösungen an, doch das tut auch der Anti-Populismus. Populisten sind eine komplexe Herausforderung für alle politischen Systeme, auch liberal-demokratische. Der beste Umgang mit dem Populismus besteht darin, einen offenen Dialog mit populistischen Akteuren und ihren Anhängern zu führen, so schwierig das auch sein mag. Ziel des Dialogs sollte sein, Behauptungen und Klagen der populistischen Eliten und Massen besser zu verstehen und liberal-demokratische Antworten darauf zu entwickeln. Gleichzeitig sollte man sich in Theorie und Praxis stärker auf die Botschaft als auf die Überbringer der Botschaft konzentrieren. Statt von vornherein davon auszugehen, dass Populisten Unrecht haben, sollte man ernsthaft prüfen, inwieweit die vorgeschlagenen Maßnahmen im liberal-demokratischen System tauglich sind.

Wenn die Verfechter der liberalen Demokratie versuchen, Anhänger des Populismus und vielleicht sogar Eliten für sich zu gewinnen, sollten sie vereinfachende Lösungen, mit denen sie sich »beim Volk« anbiedern, ebenso meiden, wie einen elitären Diskurs, der normalen Menschen die moralische und intellektuelle Kompetenz abspricht – beides würde Populisten nur stärken. Da der Populismus häufig die richtigen Fragen stellt, aber die falschen Antworten liefert, sollte es jedoch das vorrangige Ziel sein, nicht nur das populistische Angebot zu zerschlagen, sondern auch die populistische Nachfrage zu schwächen. Nur so lässt sich die liberale Demokratie auch wirklich stärken.

Anhang

LITERATURHINWEISE

Kapitel 1: Was ist Populismus?

Margaret Canovan. *The People.* Cambridge 2005.

Rudiger Dornbusch und Sebastian Edwards (Hrsg.). *The Macroeconomics of Populism in Latin America.* Chicago 1992.

Lawrence Goodwyn. Democratic Promise. The Populist Moment in America. New York 1976.

Richard J. Hofstadter. The Age of Reform: From Bryan to FDR. New York 1955.

Ghita Ionescu und Ernest Gellner (Hrsg.). *Populism: Its Meanings and National Characteristics.* New York 1969.

Ernesto Laclau. *On Populist Reason.* London 2005.

Ernesto Laclau und Chantal Mouffe. *Hegemonie und radikale Demokratie: Zur Dekonstruktion des Marxismus.* Übers. von Michael Hintz und Gerd Vorwallner. Wien 1991.

Cas Mudde. »The Populist Zeitgeist«. In: *Government and Opposition* 39, Nr. 4 (Herbst 2004), S. 541–563.

Cas Mudde und Cristóbal Rovira Kaltwasser. »Populism«. In: *The Oxford Handbook of Political Ideologies.* Hrsg. von Michael Freeden, Lyman Tower Sargent und Marc Stears. Oxford 2013. S. 493–512.

Carl Schmitt. *Der Begriff des Politischen.* Berlin 1929.

Paul Taggart. *Populism.* Buckingham 2000.

Kurt Weyland. »Clarifying a Contested Concept: Populism in the Study of Latin American Politics.« In: *Comparative Politics* 34, Nr. 1 (Oktober 2001), S. 1–22.

Kapitel 2: Populismus in aller Welt

Carlos de la Torre. *Populist Seduction in Latin America.* Überarb. Ausg. Athens, Ohio 2010.

Michael Kazin. *The Populist Persuasion: An American History.* Überarb. Ausg. Ithaca, NY 1995.

Kosuke Mizuno und Pasuk Phongpaichit (Hrsg.). *Populism in Asia.* Singapur 2009.

Cas Mudde. Populist Radical Right Parties in Europe. Cambridge 2007.

Cas Mudde und Cristóbal Rovira Kaltwasser. »Exclusionary vs. Inclusionary Populism: Comparing Contemporary Europe and Latin America.« In: *Government and Opposition* 48, Nr. 2 (April 2013), S. 147–174.

Danielle Resnick. Urban Poverty and Party Populism in African Democracies. Cambridge 2013.

Cristóbal Rovira Kaltwasser. »Latin American Populism: Some Conceptual and Normative Lessons.« In: *Constellations* 21, Nr. 4 (November 2014), S. 494–504.

Marian Sawer und Barry Hindess (Hrsg.). *Us and Them: Anti-Elitism in Australia.* Perth 2004.

Yannis Stavrakakis und Giogos Katsambekis. »Left-Wing Populism in the European Periphery: The Case of SYRIZA.« In: *Journal of Political Ideologies* 19, Nr. 2 (Juni 2014), S. 119–142.

Kapitel 3: Populismus und Mobilisierung

Daniele Albertazzi und Duncan McDonnell (Hrsg.). Twenty-First Century Populism: The Spectre of Western European Democracy. London 2008.

Santiago Anria: »Social Movements, Party Organization, and Populism: Insights from the Bolivian MAS.« In: Latin American Politics and Society 55, Nr. 3 (Herbst 2013), S. 19–46.

David Art. Inside the Radical Right: The Development of Anti-Immigrant Parties in Western Europe. Cambridge 2011.

Paris Aslanidis. »Populist Social Movements of the Great Recession.« In: Mobilization: An International Quarterly 21, Nr. 3 (September 2016), S. 301–321.

Julio Carrión (Hrsg.). The Fujimori Legacy: The Rise of Electoral Authoritarianism in Peru. University Park 2006.

Catherine Fieschi. Fascism, Populism, and the French Republic: In the Shadow of the Republic. Manchester 2004.

Ronald Formisano. The Tea Party. Baltimore 2012.

Kenneth Roberts. »Populism, Political Conflict, and Grass-Roots Organization in Latin America.« In: Comparative Politics 38, Nr. 2 (Januar 2006), S. 127–148.

Elmer E. Schattschneider. The Semi-Sovereign People: A Realist's View of Democracy in America. New York 1960.

Sidney Tarrow. Power Movement: Social Movements and Contentious Politics. Überarb. Ausg. Cambridge 2011.

Kapitel 4: Die populistische Führungsfigur

Kirk A. Hawkins. »Is Chávez Populist? Measuring Populist Discourse in Comparative Perspective«. In: *Comparative Political Studies* 42, Nr. 8 (Juni 2009), S. 1040–1067.

Karen Kampwirth (Hrsg.). Gender and Populism in Latin America: Passionate Politics. University Park 2010.

John Lynch. Caudillos in Spanish America: 1800–1850. Oxford 1992.

Raúl Madrid. »The Rise of Ethnopopulism in Latin America«. In: *World Politics* 60, Nr. 3 (April 2008), S. 475–508.

Cas Mudde und Cristóbal Rivera Kaltwasser. »Populism and Political Leadership.« In: The Oxford Handbook of Political Ideologies. Hrsg. von Michael Freeden, Lyman Tower Sargent und Marc Stears. Oxford 2013. S. 376–388.

Cas Mudde und Cristóbal Rivera Kaltwasser. »Vox Populi or Vox Masculini? Populism and Gender in Northern Europe and South America.« In: *Patterns of Prejudice* 49, Nr. 2 (Februar 2015), S. 16–36.

Paul Taggart. *Populism*. Buckingham 2000.

Max Weber. *Politik als Beruf*. München/Leipzig 1919, S. 5 f.

Kapitel 5: Populismus und Demokratie

Miklós Bánkuti, Gábor Halmai und Kim Lane Scheppele. »Hungary's Illiberal Turn: Disabling the Constitution.« In: *Journal of Democracy* 23, Nr. 3 (Juli 2012), S. 138–146.

Robert Dahl. *Polyarchy*. New Haven, CT 1971.

Richard J. Hofstadter. The Paranoid Style in American Politics? In: *Harper's Magazine*, November 1964.

Ernesto Laclau. *On Populist Reason*. London 2005.

Steven Levitsky und Lucan Way. Competitive Authoritarianism: Hybrid Regimes After the Cold War. Cambridge 2010.
Cas Mudde. »The Populist Radical Right: A Pathological Normalcy.« In: *Journal West European Politics* 33, Nr. 6 (2010), S. 1167–1186.
Cas Mudde und Cristóbal Rivera Kaltwasser (Hrsg.). Populism in Europe and the Americas: Threat or Corrective for Democracy? Cambridge 2012.
Guillermo O'Donnell und Philippe C. Schmitter. *Transitions from Authoritarian Rule: Tentative Conclusions.* Baltimore 1986.
Pierre Rosanvallon. Counter-Democracy: Politics in an Age of Distrust. Cambridge 2008.
Cristóbal Rivera Kaltwasser. »The Responses of Populism to Dahl's Democratic Dilemmas.« In: *Political Studies* 62, Nr. 3 (Oktober 2014), S. 470–487.
Kathryn Stoner und Michael McFaul (Hrsg.). *Transitions to Democracy: A Comparative Perspective.* Baltimore 2013.
Charles Tilly. *Democracy.* Cambridge 2013.

Kapitel 6: Ursachen und Antworten

Sonia Alonso und Cristóbal Rovira Kaltwasser. »Spain: No Country for the Populist Radical Right?« In: *Journal South European Society and Politics* 20, Nr. 1 (2015), S. 21–45.
Kirk Hawkins. Venezuela's Chavismo and Populism in Comparative Perspective. New York 2010.
Piero Ignazi. »The Silent Counter-Revolution: Hypotheses on the Emergence of Extreme Right-Wing Parties in Europe.« In: *European Journal of Political Research* 22, Nr. 1 (Juli 1992), S. 3–34.
Ronald Inglehart. The Silent Revolution: Changing Values and Political Styles Among Western Publics. Princeton 1977.
Karl Löwenstein. »Militant Democracy and Fundamental Rights I«. In: *American Political Science Review* 31, Nr. 3 (1937), S. 417–432.
Peter Mair. »Representative Versus Responsible Government«. MPIfG Working Paper 8, Max-Planck-Institut für Gesellschaftsforschung, Köln 2009, S. 1–19.
Jan-Werner Müller. Defending Democracy Within the EU.« In: *Journal of Democracy* 24, Nr. 2 (2013), S. 138–149.
Thomas Paine. *Common Sense.* Übers. und hrsg. von Lothar Meinzer. Stuttgart 1982 [Original 1776].

Cristóbal Rovira Kaltwasser und Paul Taggart. »Dealing with Populists in Government: A Framework for Analysis.« In: *Democratization* 23, Nr. 2 (2016), S. 201–220.
Wolfgang Streeck. Buying Time: The Delayed Crisis of Democratic Capitalism. London 2014.

WEITERFÜHRENDE LITERATUR

Berlet, Chip und Matthew N. Lyons. Right-Wing Populism in America: Too Close for Comfort. New York 2000.

Conniff, Michael L. (Hrsg.). Populism in Latin America. Tuscaloosa ²2012.

De la Torre, Carlos. The Promise and Perils of Populism: Global Perspectives. Lexington, Kentucky 2015.

De la Torre, Carlos und Cynthia Arnson. Latin American Populism in the Twenty-First Century. Washington, D. C. 2013.

Formisano, Ronald. The Tea Party: A Brief History. Baltimore 2012.

Kazin, Michael. The Populist Persuasion. An American History. Ithaca, New York 1998.

Kriesi, Hanspeter und Takis Pappas (Hrsg.). Populism in the Shadow of the Great Recession. Colchester 2015.

Laclau, Ernesto. On Populist Reason. London 2005.

Mudde, Cas. Populist Radical Right Parties in Europe. Cambridge 2007.

Mudde, Cas und Cristóbal Rovira Kaltwasser. Populism in Europe and the Americas: Threat or Corrective for Democracy? Cambridge 2012.

Panizza, Francisco (Hrsg.). Populism and the Mirror of Democracy. London 2005.

Taggart, Paul. Populism. Buckingham 2000.

LISTE DER ABBILDUNGEN

PERSONENREGISTER